U0674141

引领中国革命的正确道路

主　　编　闫　玉

副主编　孔德生　王雪军

本册作者　高世鹰　孔德生

中华工商联合出版社

图书在版编目（CIP）数据

引领中国革命的正确道路 / 高世鹰，孔德生著. --
北京：中华工商联合出版社，2014.3

ISBN 978-7-5158-0843-7

Ⅰ. ①引… Ⅱ. ①高… ②孔… Ⅲ. ①革命史－中国
－近现代 Ⅳ. ①K250.1

中国版本图书馆 CIP 数据核字（2014）第 036035 号

引领中国革命的正确道路

作　　者：	高世鹰　孔德生
出 品 人：	徐　潜
策划编辑：	魏鸿鸣
责任编辑：	林　立
封面设计：	徐　超
责任审读：	郭敬梅
责任印制：	迈致红
出版发行：	中华工商联合出版社有限责任公司
印　　刷：	固安县云鼎印刷有限公司
版　　次：	2014 年 4 月第 1 版
印　　次：	2021 年 10 月第 2 次印刷
开　　本：	155mm×220mm　1/16
字　　数：	77 千字
印　　张：	10
书　　号：	ISBN 978-7-5158-0843-7
定　　价：	38.00 元

服务热线：010－58301130

销售热线：010－58302813

地址邮编：北京市西城区西环广场 A 座
　　　　　19－20 层，100044

http://www.chgslcbs.cn

E-mail：cicap1202@sina.com（营销中心）

E-mail：gslzbs@sina.com（总编室）

工商联版图书

版权所有　侵权必究

凡本社图书出现印装质量
问题，请与印务部联系。

联系电话：010－58302915

目 录 *Contents*

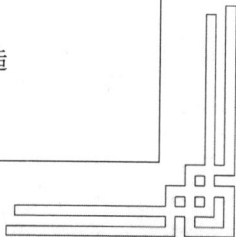

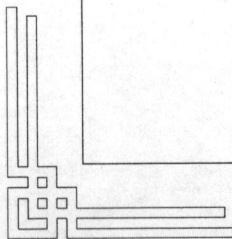

前　言

中国共产党紧紧依靠人民，把马克思主义基本原理同中国革命实际紧密结合起来，独立自主地走自己的路，历经千辛万苦，取得了革命和建设的伟大胜利，开创了中国特色革命道路，从根本上改变了中国人民和中华民族的前途和命运。

俄国十月革命的胜利，极大地鼓舞了中国人民和中国的先进分子。对中国革命产生了巨大的影响。

十月革命的胜利使中国人民明显地感觉到，俄国工农大众敢于冲破世界帝国主义阵线，建立一个新型的社会主义国家，这表明帝国主义的力量并不是绝对不可战胜的，中国人民的反帝斗争

不再是孤立无援的。长期饱受帝国主义欺侮而又在反帝斗争中屡遭失败的中国人民，由此增强了斗争的勇气和必胜的信心。正在苦苦探求救国救民真理、对西方文明和资本主义制度感到失望而又茫然无措的中国先进分子，则由此认识到马克思主义对中国革命运动的指导作用。俄国十月革命帮助中国的先进分子开始用无产阶级的世界观作为观察国家命运的工具，重新考虑自己的问题。他们从俄国十月革命的启示和西方资本主义的社会政治危机中，敏锐地感受到世界历史潮流的深刻变化，并且很快在实践中得出向俄国革命学习、"走俄国人的路"的结论。

以毛泽东为核心的中国共产党第一代中央领导集体带领全党全国各族人民完成了新民主主义革命，进行了社会主义改造，确立了社会主义基本制度，成功实现了中国历史上最深刻最伟大的社会变革，为当代中国一切发展进步奠定了根本政治前提和制度基础。

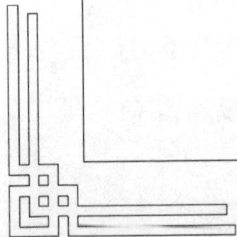

一、中国特色新民主主义革命道路

以毛泽东为核心的中国共产党第一代中央领导集体在领导新民主主义革命和社会主义革命的过程中，开创了中国特色的革命道路。正是这条包括"农村包围城市、武装夺取政权"为主体的新民主主义革命道路和社会主义改造道路的完整意义上的中国特色革命道路，指引我们取得了民主革命完全彻底的胜利，创建了新中国，并很快确立了社会主义制度，使中国走上了社会主义道路，致力完成以强国富民为主要目标的第二大历史任务，开始了中华民族伟大复兴的新征程。

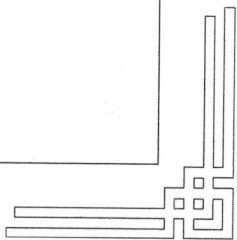

（一）中国特色新民主主义
革命道路的科学内涵

中国特色新民主主义革命道路，主要是区别于无产阶级通过社会主义革命、议会斗争、城市武装起义，直接从资产阶级手里夺取政权，建立社会主义社会这种革命模式和社会发展模式。它既不同于俄国十月社会主义革命一步到位，而是要分两步走；更不同于西方旧式的资产阶级革命，而是新式的资产阶级民主主义革命，以社会主义、共产主义为最终奋斗目标，先进行新民主主义革命，然后再对生产资料私有制进行社会主义改造，由新民主主义社会进入社会主义社会。

（二）中国特色革命道路的两个阶段

新民主主义革命道路是中国特色革命道路的第一阶段，而且是最重要的阶段。中国共产党成立之后，有资本主义和社会主义两条道路可供选择。资本主义道路在中国走不通；中国国情特殊，俄国十月社会主义革命道路又脱离中国现实。到底走什么道路？经典著作中没有现成答案可寻，只能把马克思主义与中国实际相结合，走自己的路，这就是中国特色革命道路。

以毛泽东为主要代表的中国共产党人在革命实践中创立的新民主主义理论为马克思主义、科学社会主义宝库增添了重要内容，在这一理论指导下，开创了中国新民主主义革命道路，新民主主义理论解决了中国特色革命道路问题。

新民主主义革命理论的基本点是：关于统一战线、武装斗争、党的建设即中国革命的"三大法宝"，以及关于农村包围城市的革命道路的理论。

新民主主义这条中国特色的革命道路，包括农村包围城市道路。新民主主义革命道路和农村包围城市道路既密不可分，又有明显的区别。区别在于范畴不同，理论层次不同，回答问题角度不同。新民主主义是大范畴，大概念，带有总体性的宏观理论；农村包围城市道路是在中国特殊社会历史条件下，实现武装夺取政权的途径，也是完成新民主主义革命任务的必经之路，它是服

从和从属于新民主主义道路的。前者范畴更广，后者是服从服务于前者的需要，范畴窄，理论层次低，属于前者的内涵。

社会主义改造道路是中国特色革命道路的第二阶段。《关于建国以来党的若干历史问题的决议》指出："在过渡时期中，我们党创造性地开辟了一条适合中国特点的社会主义改造道路。"① 过渡时期是融合于新民主主义社会之中，与其同步进行的。

毛泽东在《中国革命和中国共产党》一文中深刻地指出，"整个中国革命是包含着两重任务的"。这两重任务就是资产阶级民主主义性质的革命（新民主主义的革命）和无产阶级社会主义性质的革命。如何使民主主义革命与社会主义革命成功对接，实现由新民主主义社会向社会主义社会的过渡，以毛泽东为主要代表的共产党人运用社会主义改造理论，突破了苏联模式的束缚，创造了工业化和改造同时并举的道路，突破了一举过渡的框框，顺利地实现了逐步过渡，使"我们党创造性地完成了由新民主主义到社会主义的过

① 《关于建国以来党的若干历史问题的决议》（注释本），人民出版社1983年版，第17页。

渡，实现中国历史上最伟大最深刻的社会变革，开始了在社会主义道路上实现中华民族伟大复兴的历史征程"。[1]

（三）中国特色革命道路的理论与实践

中国共产党是以马克思主义为指导建立起来的，中国的共产主义运动是在俄国革命的直接影响下发生的。马克思、恩格斯、列宁关于无产阶级对待资产阶级民主革命的理论，特别是列宁的民族殖民地学说，对中国革命具有直接的指导意义。但无论是马克思、恩格斯还是列宁，都没有也不可能系统地提出一个完全适合中国革命需要的理论。如何在半殖民地半封建的落后农业大国以马克思列宁主义为指导领导中国革命？中国革命的性质是什么？如何取得革命的胜利？这些问题只能靠中国共产党人自己去创造性地解决。

以毛泽东为主要代表的中国共产党人，运用

---

① 《十六大以来重要文献选编》（上），中央文献出版社 2005 年版，第 43 页。

马克思主义的世界观方法论以及科学社会主义学说，正确分析了中国特殊的国情，认清了中国社会性质、主要矛盾，总结了中国革命的独特经验，从而在宏观上指明了中国革命的方向和方位，指出中国革命的性质是新民主主义革命，前途是社会主义的。创造性地把民主革命与无产阶级领导联系起来，使中国民主革命成为无产阶级责无旁贷的历史使命，这就决定了中国革命的社会主义前途。新民主主义理论科学地回答了中国革命的性质问题，以独创性的内容和鲜明的中国特色，发展了马克思主义。新民主主义革命理论解决了在半殖民地半封建的落后国家，无产阶级领导资产阶级民主革命、实现民族独立和人民解放的新课题；新民主主义社会理论关于中国革命分两步走，以新民主主义社会和国家为中间站实现向社会主义转变的构想，解决了经济落后国家在夺取政权后如何建设新国家、以最小的代价和平地实现由新民主主义向社会主义转变的难题，发展了马克思主义的不断革命论和革命转变论。这就从根本上解决了在半殖民地半封建社会里如何进行共产主义运动，如何在中国实现社会主义的道路问题，为从半殖民地半封建社会到社会主义社会架起了一座桥梁，打开了一个通道。

如果说新民主主义理论解决了中国革命的性质是什么的问题，那么农村包围城市道路理论则解决了如何取得革命胜利的问题。毛泽东系统地总结了土地革命战争的历史经验和抗日战争的新鲜经验，批判了在中国革命道路问题上照抄照搬外国经验的教条主义，科学地论证了中国革命为什么必须走农村包围城市的道路，而且能够走这条道路夺取革命的胜利，形成了完整的农村包围城市道路的理论。这一理论具有鲜明的中国特色。它突破了俄国十月革命城市中心道路的模式，解决了在半殖民地半封建经济政治发展不平衡的农业大国，弱小的无产阶级怎样发动和组织农民这个最大的革命力量，最有效地打击敌人，积蓄和发展革命力量，最后夺取全国政权的问题，为马克思主义暴力革命理论增添了新内容。

探寻中国特色革命道路的历程是极其艰辛的。以毛泽东为主要代表的共产党人克服了党内存在的把马克思主义教条化、把苏联经验神圣化的错误倾向，排除了共产国际对中国革命的干扰，以新民主主义理论为指导，坚持走农村包围城市道路，经过 28 年艰苦卓绝的奋斗，终于取得了革命

胜利，创建了人民当家做主的新中国，为由新民主主义向社会主义转变奠定了坚实基础，从而真正确立起社会主义新制度，开创了中国历史的新纪元。

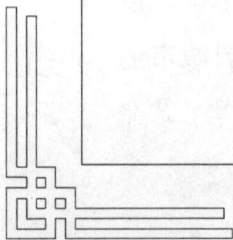

二、农村包围城市新道路
与中国历史新纪元

　　新民主主义革命的任务是反对帝国主义、反对封建主义、反对官僚资本主义，推翻压在中国人民头上的三座大山，建立人民民主共和国。

　　以毛泽东为主要代表的中国共产党人，从中国半殖民地半封建社会的特殊国情出发，经过反复探索，在总结成功经验和失败教训的基础上，创造性地把马克思主义普遍原理同中国革命的具体实际相结合，逐渐找到了一条有中国特色的革命道路，经过长期的艰苦卓绝的探索与奋斗，把处于险境中的中国革命引向通途，取得了新民主主义革命的伟大胜利，建立了中华人民共和国，从而开创了历史的新纪元。

MA LIE ZHU YI CHANG SHI GONG MIN DU BEN

（一）农村革命新道路的成功开辟

1. 井冈山根据地的建立

1927 年，大革命失败以后，在全党为挽救革命、寻找革命新道路而进行的艰苦斗争中，以毛泽东为主要代表的一大批共产党人，经过创建、发展红军和农村革命根据地的实践，逐步找到了一条推动中国革命走向复兴和胜利的道路。

1927 年 10 月，毛泽东率领湘赣边界秋收起义的工农革命军，开始创建以宁冈县为中心的井冈山农村革命根据地，与反动派进行艰苦斗争。毛泽东确定在井冈山建立根据地，是因为：党在这个地区的群众基础较好，大革命时期各县曾建立过党的组织和农民协会，并有袁文才、王佐领导的地方农民武装在这里坚持斗争，他们愿意同工农革命军相结合；这里地势险要，易守难攻；周围各县有自给自足的农业经济，易于部队筹款筹粮；由于地处两省边界，距离国民党统治的中心城市比较远，加之湘赣两省军阀之间又存在矛盾，敌人的统治力量比较薄弱。

从 1927 年 10 月到 1928 年 2 月，以毛泽东为书记的前敌委员会领导井冈山军民，利用国民党新军阀之间发生战争、井冈山地区敌人兵力空虚的大好时机，采取积极发展的方针，逐步开创了工农武装割据的局面。工农革命军首先在边界各县进行打倒土豪劣绅、发动群众的游击暴动，建立县、区、乡各级工农民主政权。1927 年 11 月，工农革命军攻占茶陵县城，成立湘赣边界第一个红色政权——茶陵县工农兵政府，谭震林任主席。1928 年 1 月，工农革命军攻占遂川县城；2 月上旬，打破江西国民党军队的第一次"进剿"。至此，奠定了井冈山根据地的基础。

从 1927 年冬到 1928 年冬，井冈山根据地在发动群众打倒土豪劣绅的基础上，开展分田斗争。1928 年夏，宁冈全县，永新、莲花的大部分地区，遂川、酃县的部分地区实行了分田。为加强党对井冈山斗争的领导，以毛泽东为书记的前委先后派出党员干部，恢复、整顿和发展各县的党组织。到 1928 年 2 月，先后成立了宁冈、永新、茶陵、遂川四个县委和酃县特别区委，莲花县也开始建立党的组织。

井冈山的斗争主要是军事斗争。前委十分重

视军队建设，注重政治教育，加强对军队的无产阶级思想教育。1927年年底，毛泽东规定部队必须执行打仗消灭敌人、打土豪筹款子、做群众工作三项任务。部队执行这三项任务，不仅能够打胜仗，而且广泛发动了群众，解决了经济来源问题，密切了军政、军民关系。1928年4月，毛泽东总结开辟井冈山根据地几个月来从事群众工作的经验，规定部队必须执行三大纪律六项注意（后来发展成八项注意）。三大纪律八项注意的提出，对于革命军队的建设，对于正确处理军队内部关系特别是军民之间的关系，对于团结人民和瓦解敌军，都起了重大的作用。

在加强部队建设的同时，前委还对袁文才、王佐的地方农民武装进行改造，并积极帮助湘赣边界各县建立县赤卫队和乡暴动队。这些地方武装不仅配合工农革命军作战，而且是正规军兵员补充的重要来源。

1928年4月，朱德、陈毅率南昌起义保留下来的一小部分部队和湘南起义农军1万余人陆续转移到井冈山地区，与毛泽东领导的部队在宁冈砻市会师。会师后，毛泽东和朱德所率部队合编，成立工农革命军第四军（后改称红军第四军），朱德任军长，毛泽东任党代表，王尔琢任参谋长，下辖第十、第十一、第十二师（不久改编为四个团）。在这期间，还召开第四军党的第一次代表大会，成立了第四军军委，毛泽东任书记。毛泽东和朱德所率部队的会师，增强了井冈山地区工农武装的力量，为进一步扩大革命根据地创造了条件。

5月，湘赣边界党的第一次代表大会在宁冈茅坪召开。会议总结井冈山根据地创建以来的经验，明确回答了一些人提出的"红旗到底打得多久"的疑问，指出革命根据地和红军能够长期存在并发展。会议选举产生湘赣边界党的最高领导机关——中共湘赣边界特委，毛泽东任书记，统一领导湘赣边界红军和根据地的革命斗争。特委成立后，红四军军委书记改由陈毅担任。接着，湘赣边界统一的工农兵苏维埃政府成立，袁文才任主席。

红四军成立后，由于南方各省国民党新军阀的统治处于暂时稳定时期，国民党军队继续向井冈山根据地"进剿"。为了打退敌人的"进剿"和发展井冈山根据地，中共湘赣边界特委和红四军军委共同制定了一系列正确的政策：坚决地和敌人作斗争，建立罗霄山脉中段政权，反对逃跑主义；深入割据地区的土地革命；军队的党帮助地

方党发展，军队的武装帮助地方武装发展；对敌人力量比较强大的湖南取守势，对敌人力量比较薄弱的江西取攻势；大力经营永新，创造群众割据的局面，布置长期斗争；集中红军相机迎击当前之敌，反对分兵，避免被敌人各个击破；割据地区的扩大采取波浪式的推进政策，反对冒进政策等。与此同时，毛泽东、朱德把红军和赤卫队的作战经验，概括为"敌进我退，敌驻我扰，敌疲我打，敌退我追"的十六字诀。十六字诀是适应当时情况的带着朴素性质的游击战争基本原则，它对红军游击战争起了有效的指导作用。红四军在毛泽东、朱德领导下，以不足四个团的兵力，在同国民党军队八九个团甚至十八个团兵力的战斗中，击破了敌军第二、第三、第四次"进剿"，使割据地区日益扩大。1928 年 6 月 23 日取得龙源口战斗的胜利后，井冈山根据地达到全盛时期。

龙源口战斗之后，湘赣两省国民党军队又酝酿对井冈山根据地举行联合"会剿"。6 月 30 日，受盲动主义影响的中共湖南省委派杜修经为巡视员到达井冈山，要求红四军"立即向湘南发展"。当晚，毛泽东在永新召开红四军军委、湘赣边界特委、永新县委联席会议，认为当前统治阶级正处于暂时稳定时期，分兵去湘南必将不利于坚持罗霄山脉中段政权。会议决定报告湖南省委，不能执行向湘南发展的意见。

7月中旬，红四军兵分两路迎击湘赣国民党军队的第一次"会剿"。当红二十八、红二十九团占领酃县的时候，杜修经不顾永新会议的决定，附和红军中部分宜章籍官兵欲回家乡的情绪，引导红二十八、红二十九团向湘南冒进，军委也未加以有力的阻止，结果造成红军主力损失很大的"八月失败"。这时，毛泽东正在永新率领红三十一团和地方武装同敌人作战。国民党军队发觉红军主力去湘南后，便向井冈山根据地大举进攻，结果边界各县县城和平原地区均被敌人占领。不久，江西国民党军队发生内讧，围攻井冈山根据地的敌军相继退去。湘赣边界特委根据红四军主力在湘南受挫的困难处境，决定由毛泽东率领红军一部去桂东迎还主力，以另一大部坚持井冈山地区的斗争。8月30日，湘赣国民党军队乘红四军主力欲归未归之际，对井冈山地区发动第二次"会剿"。井冈山留守红军在群众支援下，凭险抵抗，打破敌人的"会剿"，取得黄洋界保卫战的胜利。9月，毛泽东率部回师井冈山，连续打了几个胜仗，收复边界大部分失地，巩固了以宁冈为中心的根据地。

1928 年 10 月，为总结根据地斗争的经验和确定边界党的任务，毛泽东在江西宁冈茅坪的步云山主持召开湘赣边界党的第二次代表大会。大会讨论并通过毛泽东起草的《政治问题和边界党的任务》的决议，选举产生了以谭震林为书记、陈正人为副书记的中共湘赣边界第二届特委。11 月 2 日，特委和军委收到中央 6 月 4 日指示信，信中肯定了建立罗霄山脉中段政权的计划。11 月 6 日，根据中共中央指示，组织了以毛泽东为书记的前委，统辖湘赣边界特委和红四军军委，并管理地方党组织的工作。11 月 14 日至 15 日，红四军召开党的第六次代表大会，选举产生了新的军委，由中央指定的朱德担任书记。12 月 11 日，彭德怀、滕代远等率领平江起义后组成的红五军七百多人，从湘鄂赣边的平江、浏阳地区到达井冈山，与红四军会师。这两支红军的会师，进一步增强了井冈山地区工农武装的力量。

2. 工农武装割据思想形成

秋收起义部队在井冈山创建根据地一年多来，既有成功的经验，也有失败的教训。在白色政权的包围中，红色政权能否长期存在并得到发展？这既一个非常现实的问题，也是一个重大的理论问题，必须在总结经验教训的基础上作出明确的回答。

毛泽东在为湘赣边界党的第二次代表大会起草的《政治问题和边界党的任务》的决议中，在代表红四军前委于 1928 年 11 月 25 日写给中共中央的报告中，根据中国社会和中国革命的特点，论证了红色政权能够长期存在并发展的主客观条件，提出了工农武装割据的思想。①中国是帝国主义间接统治的经济落后的半殖民地国家。半封建的地方性的农业经济和帝国主义对中国实行划分势力范围的政策，使反动统治阶级内部继续不断地发生分裂和战争。这种分裂和战争既然总是继续不断，小块区域的红色政权就能够利用这种矛盾而发生并长期坚持下来。②红色政权之所以在小块地区发生，是和大革命运动的影响有密切关系的。这样的政权首先发生和能够长期存在的地方，就是在大革命过程中工农群众曾经发动起来的地方。③小块红色区域能否长期存在，还取决于全国革命形势是否向前发展。中国革命形势是跟着国内买办豪绅阶级和国际资产阶级的继续分裂和战争而必然继续向前发展的，所以红色政权不但能够长期存在，而且还会继续发展。④有相当数量的正式红军的存在，是红色政权存在的

必要条件。⑤共产党组织的有力量和它的政策的不错误，更是一个要紧的条件。此外，还需要有便利于作战的地势和能提供足够给养的经济力等。只有阐明工农武装割据局面长期存在和发展的条件，才能既同那种怀疑红色政权能够存在的右倾悲观思想划清界限，又同那种认为可以无条件地在农村发动武装暴动的"左"倾盲动错误划清界限。

实行工农武装割据，就是在中国共产党领导之下，把武装斗争、土地革命、建立革命政权三者结合起来。

井冈山根据地的各级工农民主政权，是处在社会最底层的工农大众推翻剥削阶级的旧政权后，建立起来的自己当家做主的新政权。如 1928 年 1 月，在毛泽东指导下起草的《遂川工农兵政府临时政纲》规定，"工人、农民、士兵和其他贫民，都有参与政治的权利"；"凡地主、祠庙、公共机关的田地、山林和一切附属"，分给"贫苦人民和退伍兵士耕种使用"等，集中反映了劳动群众的愿望和要求。工农民主政权的建立，给井冈山地区带来崭新的面貌。首先是广大劳动人民在政治上翻了身，拥有以前从未有过的政治权利。其次是开展土地革命，使无地或少地的农民分得了土地，激发了农民生产的积极性，促进了农业生产的发展。第三是通过革命政权发动群众、组织群众、武装群众，支援了革命战争。

与此同时，毛泽东还注意到井冈山根据地政权建设中存在的问题，并提出解决措施。其一，要重视工农兵代表会。他指出，井冈山地区的县、区、乡各级民众政权虽然普遍建立了，但名不副实，许多地方没有工农兵代表会。一些地方虽然有代表会，但仅认为是对执行委员会负责的临时选举机关；选举完毕，大权归于委员会。之所以如此，是因为缺乏对于代表会这个新的政治制度的宣传和教育；同时封建时代独裁专断恶习的影响在群众中乃至一般党员的头脑中，一时扫不干净，因而也就不习惯新的民主制度。因此，要制订详细的各级代表会组织法，加强代表会的建设。其二，要更好地发挥政府的作用。毛泽东指出，许多事情为图省便，党直接就处理了，把政权机关搁置在一边，从而造成党在群众中有极大的权威，政府的权威却差得多。针对这种情况，毛泽东提出，党的主张办法，除宣传外，执行的时候必须通过政府的组织。

井冈山时期毛泽东的工农民主政权思想，是对党正在探索中的根据地政权建设经验的初步总

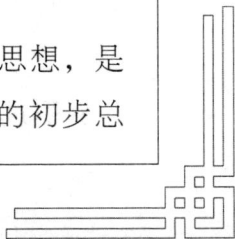

结，既有正确的内容也有历史的局限，但都为以后的根据地政权建设提供了重要借鉴。

3. 农村包围城市、武装夺取政权思想的提出

在领导红军战争和根据地建设的过程中，中国共产党人通过艰难的探索，到 1930 年的上半年逐步地解决了 1927 年大革命失败以后中国革命的道路问题。在全党依靠集体奋斗探索这一道路的过程中，毛泽东作出了最卓越的贡献。他不仅在实践上首先把武装斗争的立足点放在农村，领导开创井冈山革命根据地，创造性地解决了为坚持和发展农村革命根据地所必须解决的一系列根本问题，而且从理论上对中国革命的道路问题作了初步的说明。

在创建井冈山革命根据地过程中，毛泽东明确地指出："以农业为主要经济的中国的革命，以军事发展暴动，是一种特征。"武装斗争之所以成为中国革命的一种特征，是因为在半殖民地半封建的中国，反动统治者总是依靠赤裸裸的暴力来维持其统治。在这里，没有资产阶级民主制度，共产党不可能经过合法斗争来教育群众，积蓄革命力量。党要领导人民群众进行革命，就必须拿起武器进行战斗。

　　中国革命战争主要是在农村区域进行的。由于敌人十分强大，红军极为弱小，在共产国际、中国共产党和红军内曾有人对红色政权存在和发展的可能性表示怀疑。1928年2月，共产国际执委会第九次扩大全会作出的《共产国际关于中国问题的议决案》，断定中国共产党进行的游击战争，建立的小块根据地是散乱的，不相关联的，必致失败的，要求中国党"反对对于游击战争的溺爱"，强调要以城市为中心，"准备城市与乡村相配合相适应的发动"。6月，共产国际领导人布哈林在中共六大上作报告，仍认为中国党应以城市为中心，反对在农村建立巩固的根据地，主张红军走州过府、流动游击。中共中央接受共产国际的指导，也主张以城市为中心。

　　即便是正在农村从事武装斗争的毛泽东，对这个问题也是逐步地认识清楚的。在红四军进军赣南、闽西的实践中，特别是从1929年到1930年，毛泽东更加深刻地认识到建立巩固的农村根据地的重要性。此时，农村游击战争已经广泛地发展，并且有力地显示出它在中国革命中所占据的突出地位，而城市斗争则始终处于困难的境地。实践表明，中国革命要走上胜利发展的道路，必须把工作中心放在农村。当共产国际和中共中央

还认识不到这一点的时候，毛泽东从中国国情出发，经过探索并总结经验，提出了以农村为中心的思想。

毛泽东阐明中国革命只能走与资本主义国家不同的道路。他在 1930 年给林彪的信中指出，那种"全国范围的、包括一切地方的、先争取群众后建立政权的理论，是于中国革命的实情不适合的"。他指出，中国是许多帝国主义国家互相争夺的半殖民地，由此就发生统治阶级内部长期混战的现象，有了红军和游击队的存在和发展的可能，有了在四周白色政权中小块红色区域存在和发展的可能；红军、游击队和红色区域（也就是在局部地区内的革命政权）的建立和发展，是半殖民地中国在无产阶级领导之下的农民斗争的最高形式和必然结果，并且是促进全国革命高潮的重要因素。他批评把坚持无产阶级的领导与发挥农民的革命主力军作用对立起来的观点，重申 1929 年 4 月红四军前委复中央信中提出的中国革命只有农民斗争得不到工人的领导而失败，没有农民斗争的发展超过工人势力而不利于革命本身的思想。他总结各地红军、游击队和根据地建设的经验，指出执行"单纯的流动游击政策"，不能完成促进全国革命高潮的任务，必须采取"有根据地的、有计划地建设政权的，深入土地革命的，扩大人民武装的路线是经由乡赤卫队、区赤卫大队、县赤卫总队、地方红军直至正规红军这样一套办法的，政权发展是波浪式地向前扩大的，等等的政策"。他着重指明坚持农村根据地斗争的意义，认为"必须这样，才能树立全国革命群众的信仰，如苏联之于全世界然。必须这样，才能给反动统治阶级以甚大的困难，动摇其基础而促进其内部的瓦解。也必须这样，才能真正地创造红军，成为将来大革命的主要工具。总而言之，必须这样，才能促进革命的高潮"。这些论述，实际上提出了把党的工作重心由城市转移到农村，在农村地区开展游击战争，深入进行土地革命，建立和发展红色政权，待条件成熟时再夺取全国政权的关于中国革命新道路的思想。

毛泽东阐明的农村包围城市、武装夺取政权道路的思想，是对马克思列宁主义关于武装夺取政权学说的重大发展。以毛泽东为主要代表的中国共产党人选择农村包围城市、武装夺取政权的革命道路，完全是从中国的实际出发的。中国共产党之所以必须把工作重心首先放在乡村，不仅是由于占中国人口最大多数的农民是反帝反封建的民主革命的主力军，农民所在的广大农村应当

成为民主革命走向胜利的主要战略基地，而且是由于敌强我弱的形势决定了中国民主革命的长期性，由此也就决定了必须在反革命力量相对薄弱的农村建立根据地，以积蓄、锻炼和发展革命力量，经过长期的斗争，逐步地争取中国革命的胜利。

在农村建立根据地，以农村包围城市、武装夺取政权道路的思想，是以毛泽东为主要代表的中国共产党人的集体创造。它反映中国革命发展的特殊规律，指明了中国革命走向胜利的唯一正确的道路。

20世纪20年代后期和30年代前期，在国际共产主义运动中和中国共产党内盛行的把马克思主义教条化、把共产国际决议和俄国革命经验神圣化的错误倾向，严重地阻碍着中国共产党人对中国革命规律的认识。

为了反对党和红军中的教条主义思想，毛泽东在1930年5月写下一篇题为《调查工作》的文章，深刻地阐明坚持辩证唯物主义的思想路线，坚持理论与实际相结合原则的重要性。毛泽东强调指出，离开实际调查，就要产生唯心的阶级估量和唯心的工作指导，其结果不是机会主义，便是盲动主义。为了洗刷唯心精神，他提出"没有调查，没有发言权"的科学论断。

认识来源于实践，而实践的主体是群众。因此，坚持辩证唯物主义的思想路线同坚持依靠群众的工作路线是一致的。中国革命需要学习他国革命的经验，但这种学习并不是要求人们去照抄书本上的个别词句或他国革命的具体公式。毛泽东指出："中国革命斗争的胜利要靠中国同志了解中国情况。"为把中国革命引向胜利，必须认真地调查研究中国的情况，独立地思考和解决中国革命的问题。

以毛泽东为主要代表的中国共产党人正因为坚持了这样一条辩证唯物主义的思想路线，善于向实践学习，向群众学习，善于总结群众斗争的新鲜经验，所以才能够在中国革命的转折关头，表现出革命的首创精神，显示出巨大的理论勇气，提出农村包围城市、武装夺取政权道路的思想，从而为争取中国革命的胜利指明了唯一正确的道路。

4. 农村革命新道路的思想内涵与现实依据

农村包围城市道路的发展战略思想，主要体现在毛泽东的《中国的红色政权为什么能够存在?》《星星之火，可以燎原》《中国革命战争的战

略问题》《中国革命和中国共产党》等著作中。

马克思列宁主义认为，一切革命的根本问题是国家政权问题。国家政权的实质是阶级统治的工具，政权掌握在哪个阶级手里，就为哪个阶级服务。因此，一切革命的政党，最重要的问题是夺取政权。列宁指出，不弄清这个问题，便谈不上自觉地参加革命，更不用说领导革命。可见，中国共产党如果不能领导中国人民夺取政权，就没有新民主主义革命的胜利，就不能走由新民主主义到社会主义的中国特色的革命发展道路。由于国家政权掌握在哪个阶级手里决定政权的性质，关系哪个阶级的根本利益，剥削阶级本性决定了他们决不肯自动放权。历史上凡是专制主义者、帝国主义者，还是军阀主义者，都是被推倒的，从没有自动退出历史舞台的。历史表明，要使政权从剥削阶级转移到人民手里，就必须以暴力革命夺取政权，彻底砸碎旧的国家机器，代之以人民当家做主的国家政权。

毛泽东关于农村包围城市道路的创新理论，是在开创农村革命根据地的实践斗争中逐步形成和完善的。其主要思想内容由两个部分构成：

首先，在农村建立革命根据地，走农村包围城市、武装夺取全国政权道路的必要性与可能性。

毛泽东深刻地论述了中国是若干帝国主义宰割的以地方农业经济为主的半殖民地半封建社会，政治经济发展极不平衡的现实。毛泽东指出："中国政治经济发展不平衡——微弱的资本主义经济和严重的半封建经济同时存在，近代式的若干工商业都市和停滞着的广大农村同时存在，几百万产业工人和几万万旧制度统治下的农民和手工业工人同时存在，管理中央政府的大军阀和管理各省的小军阀同时存在，反动军队中隶属蒋介石的所谓中央军和隶属各省军阀的所谓杂牌军这样两部分军队同时存在，若干铁路航路汽车路和普遍的独轮车路，只能用脚走的路和用脚还不好走的路同时存在。"

中国是一个半殖民地国家，帝国主义争夺中国的矛盾和斗争，影响到中国的不统一。当时敌人的力量远远超过人民革命力量。国民党反动派在南京建立了全国性的国家政权，实行法西斯专政，国外得到帝国主义国家的支持，国内城市的买办资产阶级和农村的封建地主阶级，是国民党政权的两大主要支柱。国民党政权还拥有一支庞大的军队，驻扎在各中心城市。这支军队同中国历代王朝和旧军阀的军队不同，在装备上基本上是现代化的，在军需供应和后勤保障上及编制数

量上都大大超过过去。城市是国民党反动统治的中心，敌我力量悬殊决定了中国革命的长期性、艰巨性。

广大农村是反动统治薄弱地域，远离中心城市，地广人稀，交通闭塞。农村是占中国人口百分之八十的农民聚居的地方，农民是中国革命的主力军和中国共产党的可靠同盟军，是人民军队的主要兵源。中国革命战争的实质是共产党领导的农民革命战争。特别是两湖地区经过一次农民大革命风暴的洗礼。大革命时期，配合国民革命军的北伐进军，中国共产党以国民党的旗帜（当时的是国共两党合作时期）以两湖为中心发动了农村大革命，广大农民受到民主革命的影响，为工农革命军力量的壮大和较为良好的群众基础做好了准备。

土地革命是民主革命的基本内容。封建土地所有制是国民党反动统治和地主豪绅赖以生存的经济基础，只有扎根农村、建立革命根据地，才能开展土地革命。只有实行土地革命才能发动农民、武装农民，壮大革命力量，以农村包围城市，最后夺取全国胜利。

北伐战争国民革命军从广东出发沿京汉铁路北上，经长沙、抵武昌、汉口，从城市到城市，共产党没有独立领导自己的军队，一旦大资产阶级叛变，国民党反动派占据中心城市，对共产党人和革命分子进行血腥屠杀，党组织遭到严重破坏，白色恐怖笼罩中心城市和大江南北。在城市共产党组织站不住脚，没有可供活动的空间，只好被迫由城市转入农村、山区，组建人民军队，以武装反抗国民党反动派，建立根据地，实行土地革命走与俄国相反的道路。

帝国主义的分裂剥削政策和地方农业经济导致的白色政权间长期的分裂和战争，是四周白色政权包围中若干小块红色政权能够存在的客观的基本条件和主要原因。1928 年，毛泽东针对党和红军内有些人存在"红旗到底打得多久？"的顾虑和悲观情绪，深刻地分析了中国社会性质的特点和政治经济发展不平衡的现实，明确指出，在四周白色政权包围中有一小块或若干小块红色政权的区域长期的存在，这是世界各国从来没有的现象，它的发生不能在任何帝国主义国家，也不能在任何帝国主义直接统治的殖民地，这种怪事的发生，有其独特的原因。这主要是由于"地方的农业经济（不是统一的资本主义经济）和帝国主义划分势力范围的分裂剥削政策"。从而导致军阀间的矛盾和冲突，酿成白色政权间的长期分裂与

战争。这就为小块红色政权可以利用敌人间的矛盾和内战空隙，建立小块红色政权并得以坚持与发展。同时，地方农业经济同资本主义社会城乡关系不同，农村可以不依赖城市而独立生存，因为基本上是自给自足的自然经济。这就为农村根据地的存在，在经济上提供了可能，并可以长期存在发展。

除基本的客观条件外，还需要有主观条件才能使客观提供的可能性变为现实。这主要是正式的红军存在和共产党组织的有力量以及其政策的正确。湘赣边界的割据和"八月失败"有力地证明了这一论断。

小块红色政权是夺取全国政权的基地和立足点。"星星之火，可以燎原"。毛泽东把建立小块红色政权同夺取全国政权联系起来，先有农村的革命根据地，小块红色政权才能使党和人民军队有立足之地，站稳脚跟，发展组织，扩大队伍，发动群众，壮大革命力量，逐渐形成燎原之势，以农村包围城市，最后夺取新民主主义革命的胜利。前者是基地和摇篮，后者是前者发展的战略目标和必然结果。

其次，建立农村革命根据地，是一个新事物，需要有基本要素构成。

正如毛泽东在《星星之火，可以燎原》一文中指出："朱德毛泽东式、方志敏式之有根据地的，有计划地建设政权的，深入土地革命的，扩大人民武装的路线是经由乡赤卫队，区赤卫大队、县赤卫总队，地方红军直至正规军这样一套办法的，政权发展是波浪式地向前扩大的，等等的政策，无疑义地是正确的。"

根据毛泽东的论述确立农村革命根据地必须具备四大要素：①建立中国共产党领导下的人民军队，开展武装斗争；②以根据地为依托；③以工农民主专政政权为杠杆；④以土地革命为基本内容。几个方面互为联系，融为一体，不可分割。

其一，中国革命的主要斗争形式是武装斗争。毛泽东明确指出，武装夺取政权，是无产阶级革命的中心任务和斗争的最高形式。共产党领导的人民军队是执行政治任务的武装军团，以全心全意为人民服务为宗旨。没有一支人民军队，就不可能开创农村革命根据地，不开展武装斗争，就不足以保卫和扩大根据地，就不足以推翻帝国主义、封建主义和官僚资本主义在中国的统治，夺取全国政权。

其二，农村革命根据地是建立人民军队，开展武装斗争的依托。建立人民军队必须有充足的

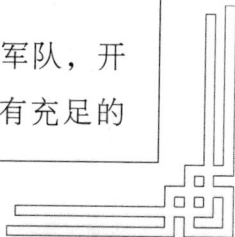

兵源，红军兵源来自两个方面，一是广大的贫苦青年农民，二是从敌军俘虏或起义过来的国民党军。而主要的是根据地的农民。没有根据地为依托，红军就没有足够的兵源。建立一支正式的人民军队，开展武装斗争，必须有必要的军需和后勤保障；军队作战需要必要的休整、培训；实行人民战争方针必须有地方武装和人民群众的配合参战、支前等，这一切都离不开根据地。只有开创农村革命根据地，才能实行土地革命。

其三，革命的根本问题是政权问题，要推翻国民党反动统治，夺取全国政权，必须首先砸碎小块白色政权，建立小块红色政权。工农民主政权是组织建立红军，动员群众，支援革命战争，发展经济，保障供给，培养、输送干部的权力机构；是发动群众，开展土地革命，实行"耕者有其田"的权力机构；是人民当家做主的集中体现和主要标志。没有根据地无从谈起建设政权，不建设政权，革命根据地是不能巩固和持久发展的。

其四，土地革命是民主革命的基本内容。封建土地制度是国民党反动派和地主豪绅买办阶级统治人民的经济基础，摧毁封建土地制度，是消灭封建主义和国民党反动统治，解放广大被压迫被剥削农民和解放生产力发展经济的根本前提，是巩固农村革命根据地和工农民主政权的基础。

坚持这四个基本要素，农村革命根据地才得以巩固和逐步形成星星之火燎原之势。毛泽东是以战略家的眼光，从夺取全国政权和新民主主义革命在全国的胜利的高度认识建立农村革命根据地和小块红色政权的极端重要性及其伟大意义。他明确指出，红军、游击队和红色区域的建立和发展，是半殖民地中国无产阶级领导之下的农民斗争的最高形式，和半殖民地农民斗争发展的必然结果；并且无疑义地是促进全国革命高潮的最重要因素。

毛泽东为中国共产党规划的，在农村建立革命根据地，壮大人民革命力量，以农村包围城市，最后夺取全国胜利的革命发展战略，是创造性地运用马克思列宁主义国家与革命原理和帝国主义发展不平衡理论，深刻地分析了中国特殊国情，特别是抓住了帝国主义划分势力范围的分裂剥削政策、争夺殖民地的矛盾和斗争及军阀间的分裂与战争；抓住了地方农业经济这两个相互结合的特点，所得出的科学结论，是夺取新民主主义革命胜利的一个重要理论支柱，是实现由新民主主义到达社会主义的这一中国特色革命道路的唯一可行道路。

（二）农村革命星火燎原

建立新型的人民军队和农村革命根据地，开展土地革命，实行工农武装割据，用革命的武装反抗国民党的反动统治，是国民革命失败后以毛泽东为主要代表的中国共产党人启动中国革命航船，复兴中国革命大业，完成反帝反封建的新民主主义革命任务的一次历史性抉择。

1. 工农红军和农村革命根据地的艰辛实践

在一个半殖民地半封建的中国，如何进行新民主主义革命，夺取革命胜利，马克思列宁著作中没有现成答案。在探索中国革命新道路的斗争中，党的许多杰出领袖以马克思主义的理论勇气，冲破了教条主义的束缚，从中国特殊国情出发，逐步将所在地区党的工作重心向农村转移。1927年9月，毛泽东领导秋收起义之后，正确地分析了当时敌强我弱的形势，果断地决定放弃攻打长沙的计划，率部向敌人统治力量薄弱的湘赣边界罗霄山脉中段进军。起义部队于10月下旬到达井冈山地区，建立了全国第一个农村革命根据地。这就从实践上解决了在革命处于低潮形势下，如何把革命退却与进攻有机结合起来的问题，解决了党所面临的迫切需要解决的策略方针和问题；同时，它点燃了"工农武装割据"的星星之火，从实践上开辟了一条在农村重新积聚力量，以农村包围城市，最后武装夺取政权的中国革命发展的新道路，并成功实现了中国革命的伟大战略转变。

随后，各地共产党人领导红军充分利用军阀混战的有利时机，主动出击，扩大红色区域，发展工农武装，开展土地革命斗争，建立苏维埃政权。中国革命的星星之火，顿成燎原之势。其中比较著名的农村根据地有：

赣南闽西根据地。1929 年 1 月，为打破湘赣敌人对井冈山的"会剿"和解决红军给养问题，毛泽东、朱德率红四军主力主动出击赣南，转战赣南、闽西，与地方党和地方武装相配合，开辟了赣南、闽西两块根据地。后两块根据地连成一片，形成以瑞金为中心的中央根据地。

湘鄂赣根据地。1928 年 7 月，彭德怀、滕代远领导平江起义后建立红五军。同年 10 月，红五军向井冈山转移，与红四军会师。1929 年年初，

红五军又撤离井冈山，转至赣南，并北上恢复发展了湘鄂赣区，开辟了湘鄂赣根据地，包括三省交界 10 多个县的大部或一部，并成立了苏维埃政府。

闽浙赣根据地。1928 年 1 月方志敏等领导赣东北弋横起义后转战磨盘山区，成立中国工农红军江西独立团。是年冬，共产党又领导了闽北崇安农民起义，组成闽北红军独立团。后闽北独立团开赴赣东北，与江西独立团合并，开辟了包括 20 多个县的闽浙赣根据地。

鄂豫皖根据地。1927 年 11 月，潘忠汝等人领导鄂东北黄麻起义后，转战豫南，在光山县柴山堡地区建立游击根据地。后扩大割据地区，建立鄂东北根据地。1929 年共产党又在河南商城和安徽六安、霍山发动起义，创建豫东南和皖西根据地。1930 年 3 月，三块根据地连成一片，形成鄂豫皖根据地，全盛时达 20 余县 350 万人口。

洪湖湘鄂西根据地。1927 年冬、1928 年春，贺龙、周逸群、段德昌等开始在洪湖和湘鄂西的桑植、鹤峰一带发动农民武装斗争，组织工农革命军。1929 年春、1930 年春，贺龙、段德昌分别开辟了湘鄂西根据地和洪湖根据地。后两个根据地联成一片，全盛时达 20 多个县。

广西右江根据地。1929 年 12 月，邓小平、张云逸等领导国民党广西警备部队一部和当地农军在百色起义，成立红军第七军和右江苏维埃政府，开辟了右江根据地。

到 1930 年上半年，全国已建立大小 10 多块农村革命根据地，红军发展到约 7 万人，连同地方革命武装约 10 万人，分布在湖南、湖北、江西、福建、广东、广西、河南、安徽、江苏、浙江等 10 多个省份。其中，闽浙赣、赣南闽西和湘鄂赣三个根据地几乎呈半圆形对南昌地区形成包围之势；洪湖、湘鄂赣和湘赣三个根据地则呈弧形对长沙地区形成包围之势。但这些根据地多处于边界地区或远离中心城市的偏僻山区，交通不便，经济、文化落后，生产力低下。群众中大多数人不识字，封建的家族组织和迷信习俗很普遍。这种特殊的地理环境和社会条件，既有利于革命力量的存在和发展，同时又使它的存在和发展遇到很多不易克服的困难。大革命失败后的中国共产党人，正是在这样的条件下开展武装斗争，创建红色政权，经过艰苦的战斗，使红军游击战争和农村革命根据地日益扩大和巩固起来的。

中国革命说到底是农民革命，而解决农民问题的关键在于如何消灭封建地主阶级土地所有制，

实施"耕者有其田",解决农民的土地问题。因此在根据地内,中国共产党领导人民进行的最主要的社会变革就是土地革命。在井冈山、赣东北、鄂豫皖、湘鄂赣、广西的右江和广东的琼崖等地区,土地革命都轰轰烈烈地开展起来,并形成了一套比较切实可行的土地革命的路线、政策和方法,如依靠贫农,联合中农,限制富农,消灭地主阶级,变封建的土地所有制为农民的土地所有制;以乡为单位,按人口平均分配土地,在原耕地基础上,抽多补少,抽肥补瘦等。土地制度的变革,导致农村革命根据地的社会大变动,社会结构和阶级关系都发生根本变化。1930 年 10 月,毛泽东在《兴国调查》中写道:"贫农在十二个方面得到利益:第一,分了田,这是根本利益。第二,分了山。第三,分了地主及反革命富农的谷子。第四,革命以前的债一概不还。第五,吃便宜米。第六,过去讨老婆非钱不行,现在完全没有这个困难了。第七,死了人不要用钱了。第八,牛价便宜。第九,应酬废弃,迷信破除,两项的用费也不要了。第十,没有烟赌,也没有盗贼。第十一,自己也可以吃肉了。第十二,最主要的就是取得了政权。"农民的革命积极性普遍高涨,反封建斗争取得了重大胜利。红军和根据地的发

展，使国民党统治集团感到极大的震惊。1930 年
10 月中原大战结束后，蒋介石立即调集重兵，向
各革命根据地的红军发动了大规模的"围剿"，重
点是中央革命根据地和中央红军。从 1930 年冬至
1931 年秋，中央革命根据地和红一方面军在毛泽
东、朱德指挥下，进行了三次胜利的反"围剿"
战争。与此同时，鄂豫皖、湘鄂西、湘鄂赣、赣
东北等根据地的红军，也英勇反击了蒋介石军队
的多次"围剿"，取得了很大的胜利。

土地革命的深入和反"围剿"作战的胜利，
巩固和扩大了农村革命根据地。1931 年 11 月 7 日
在江西瑞金县叶坪村召开了中华苏维埃第一次全
国代表大会。出席大会的代表分别来自中央苏区、
闽西、赣东北、湘赣等苏区和红军部队，以及设
在国民党统治区的全国总工会、全国海员总工会，
共 610 余人。大会选出毛泽东、周恩来、朱德、
瞿秋白等 63 人为中华苏维埃共和国中央执行委员
会委员，并推选毛泽东为中央执行委员会和人民
委员会主席。1931 年 12 月 1 日中央执行委员会发
布第 1 号《布告》，庄严宣告中华苏维埃共和国
成立。

中华苏维埃共和国的建立，是中国共产党领
导广大群众建立全国性质政权的一次伟大尝试。

它标志着在中国领土之内已存在两种不同政权的对立，一个是以蒋介石为首的南京国民党反革命政权；一个是以工农为主体的人民民主政权。它反映了当时党和人民迫切要求建立自己的政权，推进革命发展的普遍愿望。它也是中国共产党领导与管理国家的初步尝试。在其后几年时间里，进行了政权、军队、经济和文化等方面的建设，使根据地发生了很大变化，取得了一定的成绩，积累了宝贵的经验教训，对于后来抗日战争时期党建立陕甘宁边区政府，创建中华人民共和国，以及建设社会主义新中国，都起到了重要的借鉴作用，提供了十分宝贵的历史经验。

2. 抗日民主根据地的创建和发展

1937年7月7日爆发的卢沟桥事变，拉开了中国抗日战争的序幕。从此，中国历史开始了新的时期，中国革命也由国内战争转变为民族解放战争。中国人民在中国共产党领导下，开展了抗日战争，创建了抗日民主根据地，成为中国抗日战争的坚强堡垒。

根据中共中央和毛泽东的战略布署，1937年8月，改编后的八路军首先开赴华北抗日前线，在配合正面战场作战的同时，在敌人后方发动群众，武装群众。太原失守以后至 1938 年 4 月，八路军各部在晋察冀、晋东南、晋西北和晋西开展独立自主的山地游击战争，并开始建立根据地。1938 年 4 月至武汉失守，八路军实行大幅度分兵，向河北、豫北平原、山东、冀热边和绥远等华北广大敌后区域发展游击战争，建立根据地。

在华中，新四军军部于 1938 年 1 月由汉口迁至南昌后，随即指挥各部进入长江南北的敌后开展游击战争和建立根据地。

在华南，1938 年广州失陷后，中共广东党组织积极领导人民开展游击战争，创建东江抗日游击根据地。

从 1938 年冬到 1940 年的两年多时间，中国共产党领导的敌后抗战牵制和抗击了大量侵华日军。敌后游击战争，通过在广大地区内以无数小的战斗对日军进行袭击，积小胜为大胜，逐步歼灭日军，使人民抗日力量在战斗中成长壮大起来。到 1940 年年底，共产党领导的武装部队由 5 万多人发展到 50 万人，还有大量地方武装和民兵；在华北、华中、华南创建了 16 块抗日根据地，加上陕甘宁边区，共产党领导的抗日根据地已拥有 1 亿人口，在全民族抗战中发挥着日益重大的作用。

为了坚持长期抗战，不仅需要根据地的扩大，

更重要的还在于根据地的巩固。所以，中国共产党十分重视敌后抗日根据地的各项建设。抗日根据地的建设中，首先是政权建设。陕甘宁边区的政权是各级政权的模范。1939年1月中旬至2月初在延安召开陕甘宁边区首届参议会，通过《陕甘宁边区抗战时期施政纲领》，规定抗日民主政权是民族统一战线性质的政权，是一切赞成抗日，又赞成民主的人们的政权。这种政权是抗日民族统一战线的最高形式。根据抗日民主政权的这一特点，1940年3月6日，中共中央提出抗日根据地政权实行"三三制"原则，即在政权机构中，共产党员、左派进步分子、中间阶级各占三分之一的份额。三三制政权的建立和健全，进一步团结了各抗日阶级和阶层，争取中间力量，孤立顽固势力，巩固和发展了抗日民族统一战线。

为团结一切可以团结的力量共同抗日，中共中央还实行了以减租减息为核心的土地政策，以发展经济，保障供给为总方针的财政经济政策，以及诸多卓有成效的文化教育政策等，大大增强了中国共产党同根据地人民的血肉联系，使群众更加信任党，信任人民军队，这对在极端困难环境下坚持敌后抗战有着至关重要的作用。

但在1941年至1942年，由于日军连续大规模的疯狂"扫荡",国民党顽固派反共活动的猖獗,以及华北各地连续数年发生天灾,导致抗日根据地处于极端困难的时期。为着战胜困难,坚持和巩固抗日民主根据地,中国共产党先后制定和实施了著名的十大政策:对敌斗争、精兵简政、统一领导、拥政爱民、发展生产、整风运动、审查干部、时事教育等,调动了人民抗日和生产的积极性,保证了军需民用,促进了抗日根据地的发展。至抗战胜利前夕,我党领导的人民军队和根据地面积迅速扩大。八路军发展到 100 多万人,新四军发展到近 27 万人,民兵达 260 多万人。根据地的地域包含了 19 个省份,总面积达 95 万平方公里,拥有 1 亿人口。根据地不断发展,人民武装日益增强,不仅为抗战胜利提供了保证,也为新民主主义革命取得最后胜利奠定了重要基础。

3. 解放区的迅速扩大和农村包围城市道路理论的完满实现

1945 年 8 月,抗日战争取得了最后的胜利。抗战胜利后抗日根据地逐步变为成熟的新民主主义的政治、经济、文化模式的解放区,分布在全国。但这种全面开花的状况很难在全国各地区都形成农村包围城市的局面,而当时革命根据地的

重心和主力是在西北和华北地区。因此在 1945 年 9 月 19 日中共中央适时提出了"向北发展，向南防御"的"全国战略方针"，明确规定在南方作出让步，收缩南部防线；巩固华北及华东、华中解放区；控制热河、察哈尔两省，集中力量争取控制具有重要战略地位的东北地区。为此，中共中央成立了以彭真为书记、陈云等为委员的东北局，率领 11 万大军和 2 万余名干部挺进东北，在东满、北满、西满、南满建立了巩固的农村根据地，这就在新的历史条件下解决了如何分块分片完成农村包围城市并夺取城市的问题，为日后中共中央先在西北、华北和东北实现农村包围城市并夺取城市，并使这些地区连成一片，在北方形成作为南下西进解放全中国的强大战略基地，具有深远的历史意义。

1946 年 6 月，全面内战爆发。战争初期，中国共产党科学地分析了当时敌我力量悬殊的严峻形势，明确指出我们不但必须打败蒋介石，而且能够打败蒋介石。8 月，毛泽东提出了"帝国主义和一切反动派都是纸老虎"的著名论断，从理论上武装了全党，坚定了全国人民打败美蒋反动派的信心。同年 7 月和 9 月，中共中央又先后提出了"以自卫战争粉碎蒋介石的进攻"和"集中优势兵力，各个歼灭敌人"的政治方针和军事原则。从 1946 年 7 月到 1947 年 2 月，人民解放军粉碎了国民党的全面进攻。从 1947 年 3 月到 7 月，又粉碎了国民党对陕甘宁和山东解放区的重点进攻，为人民解放军转入战略进攻奠定了基础。

1947 年 6 月，中共中央决定以中原大别山区为战略进攻方向，并制定了"三军配合，两翼牵制"的战略部署。三军配合是：刘邓大军挺进大别山区，陈赓、谢富治兵团挺进豫西，陈毅、粟裕率华东解放军主力南下豫皖苏。三军呈"品"字态势，密切协同，相机歼敌。两翼牵制是：东边华东野战军山东兵团在胶东展开攻势，把敌人引向渤海；西边西北野战军出榆林，调敌北上，从而掩护我军主力在中原地区的战略展开。

为充分保证战略进攻的顺利进行，以毛泽东为首的中共中央在解放区进行了建党、建军、建政和加强统一战线工作方面的新的探索。其中，在党的建设方面，1947 年 12 月中共中央在陕北米脂县杨家沟召开会议，阐明了打败蒋介石，夺取全国胜利的军事、经济、政治等方面的纲领和政策，统一了全党思想和认识。从 1947 年至 1948 年又开展了整风运动，以整顿组织、整顿思想、整顿作风为中心，加强了党的队伍建设。

在政权建设方面，主要是实行土改，发展生产，支援前线。土地改革是新民主主义革命的基本内容。从 1946 年 5 月到 1948 年秋，解放区已有 1 亿多人口的地区完成了土地改革，消灭了封建势力，巩固了工农联盟，解放了农村生产力，激发了农民的生产积极性，发展了农业生产，为解放战争提供了坚实的政治基础、物质基础和充分的人力资源。

在军队建设方面，1947 年冬至第二年春，人民解放军开展了大规模的新式整军运动，即用诉苦和三查（查阶级、查工作、查斗志）以及经济民主、政治民主、军事民主的方法，提高广大指战员的觉悟、斗志和纪律性，大大增强了人民解放军的战斗力。

在统一战线工作方面，解放区在土改中注意保护工商业，保存富农经济，争取团结教育地主和富农中赞成反美反蒋、赞成民主和土改的开明绅士；国统区注意争取民族资产阶级的大多数，吸收大量知识分子，开展广泛的群众工作。这些措施使共产党领导的民主统一战线得到了各民主党派、各人民团体和无党派人士的热烈欢迎，为解放战争的最后胜利赢得了广泛深厚的群众基础。

解放战争后期，中国人民解放军按照农村包

围城市道路的理论，在全国逐步实现了分块分片完成农村包围城市并夺取城市的任务。在实践中，按照毛泽东的部署，大体上首先夺取敌人占领的小城市，接着夺取敌人占领的中等城市，最后夺取敌人占领的大城市。依照这一部署，人民解放军不断歼灭敌人，夺取城市，到 1948 年 9 月，已夺取大中小城市 586 座，占全国城市的 28.5%。这时毛泽东适时提出："加强城市和工业的管理工作，使党的工作重心逐步由农村转到城市。"人民解放军从 1948 年发动辽沈、淮海、平津三大战役，夺取了长春、北平、天津、徐州等大城市。在夺取城市中，我党我军还创造了天津和北平两种方式，即武装夺取和和平解放，进一步丰富了农村包围城市道路的理论。到 1949 年 3 月，人民解放军夺取城市已约占 40%，解放了长江以北的广大地区。同年 4 月，人民解放军挥师南下，攻克南京、上海等大城市。6 月，已夺取城市 1600 余座，占全国城市总数的 50%。此后，人民解放军攻无不克，战无不胜。到 1949 年底，人民解放军夺取的城市已约占 98%。至此，农村包围城市、武装夺取政权道路的理论得到了完满的实现。

历史证明：农村包围城市的革命发展道路是中国共产党人经过 20 多年的流血牺牲，历经千辛

万苦探索出来的，是符合中国国情的正确革命道路。这条道路的理论及其实现，自始至终贯穿的基本思想就是马克思主义基本原理同中国革命的具体实际相结合，走自己的路。这对于中国进行社会主义建设也具有启迪意义。邓小平说："过去搞民主革命，要适合中国情况，走毛泽东同志开辟的农村包围城市的道路。现在搞建设，也要适合中国情况。走出一条中国式的现代化道路。"

（三）破解革命发展难题

在一个落后的半殖民地半封建社会里，如何走有中国特色的革命道路，这是一个史无前例的创举，既无经典著作回答，又无先例经验可循。新民主主义革命是一个漫长的艰巨斗争过程，各个历史阶段、阶级关系和矛盾不断呈现出变化，中国特色革命道路的成功运作与实现不可能一帆风顺。它要求中国共产党人在新民主主义革命总路线指引下，必须根据不同的历史发展阶段，实施不同的具体的战略与策略方针，并从理论上实践上解决如下几个复杂的关键性问题。

1. 正确处理同国民党的关系

中国共产党领导的革命运动，是在半殖民地半封建的社会环境中进行的。在这样的社会环境中，不但有武装到牙齿的帝国主义列强和顽固的封建势力，而且还有勾结帝国主义和封建势力与人民为敌的大资产阶级。而在中国近现代历史上，大资产阶级的政治代表就是国民党。因此中国共产党能否披荆斩棘，瓦解敌人，壮大自己，夺取最后的胜利，其关键之一就在于能否正确认识与处理同国民党的关系问题。

当然，这里所讲的"国民党"，主要是指1927年4月反革命政变后在南京建立政权的国民党，实质上是大地主和大资产阶级的政党。其主要特点是，一方面，在政治上，国民党是执政党，掌握全国性政权，有国际帝国主义支持，比较强大；在经济上，国民党疯狂地侵吞全国人民的财富，大力发展官僚资本主义，掌握了国家的经济命脉；在军事上，蒋介石国民党集团建立了一支强大的正规军即中央军，并且通过聘请外国军事顾问、开办军官训练团。补充和更新武装等办法，来加强这支武装，镇压人民。因此，以蒋介石为首的国民党集团在中国革命史上，历来不是中国

YIN LING ZHONG GUO GE MING DE ZHENG QUE DAO LU

MA LIE ZHU YI CHANG SHI GONG MIN DU BEN

革命的动力，而是革命的对象。

另一方面，由于国民党的各个集团是以不同的帝国主义为背景、分属于几个帝国主义国家的，在几个帝国主义国家间的矛盾尖锐地对立着的时候，在革命主要是反对某一个帝国主义的时候，属于别的帝国主义系统之下的大买办大资产阶级集团，也有可能在一定程度上和一定时间内参加反帝国主义战线。所以，为了解决主要矛盾，打击主要敌人，中国的无产阶级及其政党在一定程度上和一定时间内，应同这部分带买办性的大资产阶级实行可能的联合，建立可能的统一战线，并尽可能地保持这种统一战线。以蒋介石国民党集团为代表的大资产阶级，即使在参加统一战线并和无产阶级一道向共同敌人进行斗争的时候，它仍然是反动的，它坚决地反对无产阶级政党在思想上、政治上、组织上的发展，而要加以限制，采取欺骗、诱惑、"溶解"、打击等破坏政策，并以此作为它投降敌人和分裂统一战线的准备。因此，中国的无产阶级及其政党在同蒋介石国民党集团联合时还必须同它进行坚决的、严肃的、"和平"的和"不流血"的斗争，而在被迫同它分裂时，就必须同它进行针锋相对的武装斗争。

1927 年大革命失败以后，以蒋介石为代表的大地主大资产阶级掌握国民党的党政军大权，他们把自己一党一群的私利置于国家、民族和人民的利益之上，推行一条反共反人民的政治路线。共产党人被迫举起革命的旗帜，带领广大工人、农民和小资产阶级群众，开展土地革命，进行游击战争，建立革命根据地，由此形成了国共两党长达十年之久的对峙和战争。九·一八事变以后，尤其是华北事变以后，中日民族矛盾的上升和阶级矛盾的下降，不仅变动了国内各阶级间的关系，而且变动了中国与各帝国主义之间以及各帝国主义相互之间的关系，从而调动了国共两党关系的变化，造成全民族团结抗战的局面。在自身利益日益受到威胁和侵害的以蒋介石亲英美派大资产阶级为代表的国民党集团，在日军步步紧逼下，在共产党的强烈要求和包括国民党内广大爱国民主人士在内的全国人民的压力之下，不得不接受了中国共产党提出的"停止内战，一致抗日"的政治主张。在这种情况下，中国共产党便可把国民党视为间接的同盟军，与之建立统一战线，以求加强自己的后备力量，最大限度地削弱和打击当前最主要的敌人。

但关键的问题在于，参加抗日民族统一战线的蒋介石国民党集团，又推行反革命两面政策，

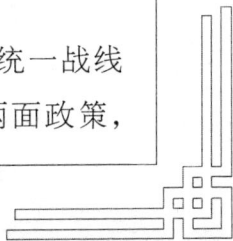

"一面和日本对立，一面又和共产党及其所代表的广大人民对立"，力图凭借其政治、军事的优势地位，限制、削弱，以至消灭共产党及其领导下的武装力量，剥夺其他党派的平等权利，发号施令，滥加于人。特别是在日本帝国主义对国民党加紧诱降，共产党领导的抗日民主力量迅猛发展的情况下，国民党实行"溶共""防共""限共""反共"等反动政策，置民族危亡于不顾，掀起反共高潮。这就增加了抗日民族统一战线斗争的复杂性和艰巨性。如何正确处理抗战时期国共之间的两党的阶级矛盾？以毛泽东为首的中共中央认为，在抗日战争时期，民族矛盾是第一位的，阶级斗争必须服从民族斗争。中国共产党在团结人民抗战的过程中，为了坚持国共合作抗战到底，对蒋介石集团也采取了革命的两面政策，一方面坚持抗战、团结、进步的方针，尽量支持国民党内外的爱国力量，使国民党留在抗日阵线内；一方面对国民党顽固派的投降、分裂、倒退活动要针锋相对，不能无原则地让步。在国民党掀起反共逆流时，共产党坚决团结各民主党派、各方面爱国进步人士和各阶层人民，高举抗日民族统一战线旗帜，进行必要的、适当的斗争。这种阶级斗争，目的并不是要推翻国民党政权，而是为了使它投降投不了，反共反不成，继续留在抗日阵线内。

为了争取时局好转、克服时局逆转，巩固和扩大抗日民族统一战线，中共中央在总结经验的基础上，对统一战线中的策略思想有了重大发展，创造性地确定了几条重要的策略原则：①发展进步势力，争取中间势力，最大限度地孤立顽固势力。②在对国民党顽固派的斗争中，应坚持"人不犯我，我不犯人，人若犯我，我必犯人"的自卫立场和"有理、有利、有节"的原则。"有理"就能使这种斗争得到全国人民的同情和支持，"有利、有节"就是要使这种斗争取得成效，分寸适度，不可无限制地进行下去。③在抗日统一战线中，斗争是团结的手段，团结是斗争的目的。以斗争求团结则团结存，以退让求团结则团结亡。④在争取时局好转的同时，充分地准备应付可能发生的任何地方性和全国性的事变，使全党全军在精神上有所准备，在工作上有所布置。

上述策略原则，使党能在复杂多变的环境中更加成熟而恰当地处理各种棘手问题，不断取得成功。1941年1月皖南事变后，中共中央面对严重形势，仍然以抗日大局为重，坚持又联合又斗争、以斗争求团结的政策，在军事上严守自卫，在政治上坚决反击。一方面重组新四军军部，继

续坚持长江南北的抗日战争；另一方面公布大量事实，揭露国民党破坏抗战阴谋。在重庆，周恩来在《新华日报》发表亲笔题词："为江南死国难者志哀""千古奇冤，江南一叶，同室操戈，相煎何急！"赢得了全国人民、中间阶级、国民党内正义人士及国际舆论的普遍同情与支持。蒋介石的反共政策，不仅没有达到摧垮共产党的目的，反而教育了许多对他抱有幻想的人们，使蒋介石自己日益孤立。

共产党连续打退国民党三次反共高潮，坚持抗战、团结、进步方针的事实，表现出中共中央的领导在政治上已经完全成熟，能在极复杂的环境中，正确地处理民族斗争与阶级斗争的关系。中国共产党以民族利益为重的正确措施使濒临危急的国内政局趋于好转，这就团结了中间阶层，也使国民党统治集团不能放下抗战旗帜，最大限度地孤立了日本侵略者和汉奸卖国贼。中国共产党在全国的政治地位由此大为提高，更证明它是全民族坚持抗战的柱石。

抗战胜利后，全中国人民从内心深处渴望和平民主与民族独立，迫切要求建立一个真正的新民主主义中国。中国共产党代表人民意愿，提出废除国民党一党专政，建立民主联合政府。但国民党当局却企图依靠暂时的军事优势，抢夺抗战胜利果实，使灾难深重的中国仍然回到大地主大资产阶级专政的半殖民地半封建社会。蒋介石在立即发动内战还有困难的情况下，一面在一周内连续三次电邀毛泽东赴重庆谈判，一面加紧内战部署。中共中央深刻分析了当时的政治形势，提出了针锋相对的方针，一面保卫人民胜利果实，对国民党内战阴谋作好充分准备；一面毅然派毛泽东、周恩来、王若飞为代表赴重庆谈判，努力争取和平民主的实现。中共同国民党经多次谈判，先后达成了有利于实现和平民主的"双十协定""停战协定"和"政协协议"，并严格地遵守这些协定、协议。国民党却在完成其军事部署后，悍然撕毁这些协定，于 1946 年 6 月 26 日大举进攻中原解放区，发动了全面内战。

中国共产党领导解放区军民奋起自卫，相继粉碎了国民党军队的全面进攻和重点进攻，领导建立了包括工人、农民、城市小资产阶级、民族资产阶级、开明绅士、其他爱国分子、少数民族和海外侨胞在内的广泛的人民民主统一战线，使蒋介石国民党处在全民包围之中。1947 年 7 月，人民解放军转入战略反攻，并从 1948 年 9 月至 1949 年 1 月，连续取得了中外战争史上奇迹般的

辽沈、淮海、平津三大战役的巨大胜利。至此，国民党军事主力被消灭殆尽，全国已处于大革命胜利前夜。

为了早日结束战争，实现真正的和平，1949年4月初，国共双方代表团在北平举行谈判，签订了《国内和平协定》。但在4月20日，国民党政府却拒绝在协定上签字。4月21日，中国人民解放军百万雄师横渡长江天堑。4月23日，解放军占领国民党统治中心南京，宣告了国民党22年反动统治的覆灭。

2. 同民族资产阶级既联合又斗争

中国共产党和中国特色革命道路，是在同中国民族资产阶级的复杂关系中走过来的。正确认识和处理同民族资产阶级的既联合又斗争的关系，对中国特色革命道路的成功实现有十分重要的意义。毛泽东曾明确指出："中国共产党的政治路线的重要一部分，就是同资产阶级联合又同它斗争的政治路线……这里所谓联合，就是同资产阶级的统一战线。所谓斗争，在同资产阶级联合时，就是在思想上、政治上、组织上的'和平'的'不流血'的斗争；而在被迫着同资产阶级分裂时，就转变为武装斗争。"如果党不在一定时期中同资产阶级联合，党就不能前进，革命就不能发展；如果党不在联合资产阶级时，又同它进行坚决的"和平"斗争，党就会瓦解，革命就会失败；如果党在被迫同资产阶级分裂时不进行坚决的武装斗争，党也会瓦解，革命也会失败。总之，党的正确方针，"既不是一切联合否认斗争，又不是一切斗争否认联合，而是综合联合和斗争两方面的政策"。这里，毛泽东所说的资产阶级，主要指的是民族资产阶级。

中国民族资产阶级是一个爱国的，同时又具有两面性的阶级。近代以来，由于受到外国资本和本国官僚军阀政府的压迫和排挤，在一定时期和一定程度上，民族资产阶级能够参加反帝反封建的革命斗争；又由于这个阶级同帝国主义和封建主义有着一定的联系，缺乏革命的彻底性，具有软弱性和妥协性的特点。针对民族资产阶级的两面性，中国共产党就必须对他们采取既联合又斗争的策略。

但在新民主主义革命初期，中国共产党对于如何处理同民族资产阶级的复杂关系问题缺乏应有的认识和足够的经验。第一次国共合作后期，面对民族资产阶级的动摇，以陈独秀为首的中共中央用压制农民运动的办法企图稳定同他们的联

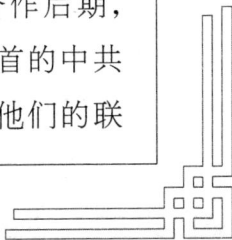

合，结果资产阶级的右翼很快走向叛变，导致了革命的失败。

1927 年以后，中国共产党在对待民族资产阶级问题上却又犯了"左"倾关门主义错误。那时，民族资产阶级虽退出了革命阵营，附和了反革命，但他们基本上没有掌握政权，仍然受到大资产阶级压迫和限制；民族工商业虽一度有所发展，但也很快陷入破产、半破产境地。然而，中国共产党有关决议、指示却认为民族资产阶级已经全部反革命，甚至认为他们是中国革命最危险的敌人之一。这种过"左"政策持续了多年，尤其是王明路线时期，达到了更加严重的程度。

九一八事变后，民族资产阶级对蒋介石对日妥协渐生不满，要求政府改弦易辙，抵抗侵略。一些民族资产阶级的代表人物纷纷发表文章，要求国民党改变"剿共"政策，停止内战。民族资产阶级的这种立场上的转变，渐渐引起中国共产党的重视。在主张抗日争取民主的浪潮中，改变对民族资产阶级的过"左"政策已势在必行。1934 年 4 月 20 日，由中国共产党提出，经爱国人士、国民党左派宋庆龄、何香凝、李杜等 1779 人签名，发表了《中国人民对日作战的基本纲领》。纲领指出，"中国人民在自己的痛苦的实际的经验当中，已经深刻地觉悟到：要想依靠国民党和国民党政府来抗日救国，已经是完全没有希望的事了"，"中国人民只有自己起来救自己"。而"中国人民惟一自救和救国的方法，就是大家起来武装驱逐日本帝国主义"，也"就是中国人民自动对日作战"。纲领提出成立全国人民武装抗日的总领导机关。5 月，在上海成立了中华民族武装自卫委员会总会。在国民党反动统治下，这个纲领尽管是不可能实现的，但它却表达了全中国人民抗日救国的正义要求。

在民族危机日益加深、民族资产阶级的抗日要求日益增长的时候，中国共产党发出了建立抗日民族统一战线的号召。1935 年 8 月 1 日，中国共产党驻共产国际代表团以中国共产党中央委员会、中国苏维埃中央政府的名义，发表了《为抗日救国告全体同胞书》（即八一宣言），呼吁和号召各党派、各界同胞、各军队"停止内战，以便集中一切国力（人力、物力、财力、武力等）去为抗日救国的神圣事业而奋斗"。11 月 13 日，中共中央发表《为日本帝国主义并吞华北及蒋介石出卖华北出卖中国宣言》；28 日，中华苏维埃共和国中央政府和中国工农红军革命军事委员会发表《抗日救国宣言》，提出不论任何政治派别、任

何武装队伍、任何社会团体、任何个人类别，只要他们愿意抗日反蒋，我们不但愿意同他们订立抗日反蒋的作战协定，而且愿意更进一步同他们组织抗日联军和国防政府。上述三个宣言的发表，对争取和团结民族资产阶级、上层小资产阶级，推动抗日统一战线工作和抗日救亡运动，起了积极的作用。

中国共产党具体地修正对民族资产阶级的政策则是在 1935 年 12 月瓦窑堡会议上。毛泽东在《论反对日本帝国主义的策略》的报告中，系统阐明了在抗日条件下与民族资产阶级重建统一战线的可能性和必要性，号召在反对右倾投降主义的同时，应着重克服"左"倾关门主义错误。在这一总的政策前提下，中国共产党先把"工农共和国"口号改为"人民共和国"口号，后又改为"民主共和国"的口号；与此相适应，也将抗日反蒋方针转为"逼蒋抗日"方针。1936 年下半年，中国共产党领导的红军和国民党东北军、十七路军在停止内战、一致抗日基础上率先实行了西北区的抗日民族统一战线，并最终促成了西安事变的和平解决，实现了由国内战争到国内和平、由国共两党的分裂对峙到合作抗日的重大转变。

中国共产党虽已转变了对民族资产阶级的过

"左"政策，但也应认识到民族资产阶级"虽带中间性，但其组织成份又常从统治阶级内部的反对派一直包含到进步分子"，所以中国共产党在同民族资产阶级及其政党进行联合的同时，更应进行必要的斗争。而斗争的胜利则取决于三个因素：我们有充足的力量、尊重他们的利益、与顽固派作坚决斗争并取得胜利。在政策的运用上，中国共产党还应注意联合与斗争的性质与方式。由于民族资产阶级"没有大资产阶级那么多的反动性和对抗性，并且基本上没有掌握过政权和武装力量。因此，我们同民族资产阶级基本上没有武装力量的联合又斗争，而主要是政治上的联合和斗争。斗争的主要手段是批评和教育，而批评也是为着教育和团结"。使他们尽可能地克服其妥协性，坚定其革命性，巩固与他们的联盟，或至少使其中的一部分人保持中立。即使在他们追随大地主大资产阶级反对革命时，也应采取政治上争取和经济上保护的政策。

抗日战争胜利以后，民族资产阶级及其政党在反对内战、要求和平，反对国民党专制独裁、要求实行民主政治，反对官僚资本操纵国计民生、要求保护民族工商业等方面，同中国共产党实行政治合作，共同向国民党进行了有力的斗争。在

国共和平谈判、政协会议召开期间，各民主党派和一些无党派民主人士在同国民党斗争中与中共进行了卓有成效的合作。在国民党撕毁政协协议、发动全面内战的关键性历史时刻，这些民主党派积极投入拒绝参加国民党包办的"国大"和国民党政府、反对国民党制定的"宪法"的斗争，积极参加国统区爱国民主运动。这些活动都成为打击国民党反动政府的第二条战线的重要组成部分，有效地支持了人民革命战争的胜利发展。

在这期间，一些民族资产阶级的代表人物为了实现本阶级的政治理想，主张在中国实行"中间路线"，在国共两党之外另辟"第三条道路"。其实质是企图建立一个资产阶级共和国，使中国走上资本主义道路。这是一条旧民主主义革命道路，对革命发展和历史进步会起到消极作用。为此，中国共产党在团结争取他们的同时，还应批评其错误意识，消弭其消极影响。1941年成立于重庆的中国民主政团同盟，主要加盟的有国社党、青年党、第三党、救国会、中华职业教育社、乡村建设派，以民主、团结、抗战为宗旨，在国共之间走中间道路。后改为中国民主同盟。但中国民主同盟内部立场表现并不完全一致。中国共产党对此采取了既联合又斗争的策略，大多数人在争取和平民主，反对独裁内战思想上与中国共产党达成一致，并随着解放战争的胜利进展，逐步放弃了中间路线的幻想，转而拥护共产党。

由此可见，由于中国共产党正确的路线、方针和政策，在国民党反动派置民族危亡于不顾，掀起反共高潮的危难处境下，在国民党实行法西斯专制、镇压爱国民主运动、发动全面内战的白色恐怖日子里，在中国共产党领导全国各族人民进行革命斗争的航程中，民族资产阶级始终与中国共产党风雨同舟，患难与共。在黑暗即将过去，曙光显现眼前的大决战胜利的重大历史时刻，民族资产阶级的许多代表人物又毅然赶赴解放区，与中国共产党共商建国大计，构建共和国大厦。以毛泽东为主要代表的中国共产党人逐步开拓出一条在政治上、经济上、组织上与民族资产阶级建立良好政治联盟的独特道路。

3．正确对待共产国际的双重效应

共产国际是在列宁倡导下于 1919 年 3 月 6 日成立的领导世界各国共产党的组织。列宁成立共产国际，一方面是为了与第二国际伯恩施坦修正主义划清界限，另一方面是为了反对国联，摆脱帝国主义的层层包围；一方面是为了保卫新生的

MA LIE ZHU YI CHANG SHI GONG MIN DU BEN

苏维埃政权，另一方面也是为了支持世界各国的民族解放运动。从共产国际成立伊始，到 1943 年 6 月 10 日解散，在其 24 年的历史，对于帮助包括中国在内的各国建立工人阶级政党，推动国际共产主义运动和民族解放运动，组织反法西斯战争，起了重要的作用。但由于共产国际组织高度集中，凡加入国际的各国工人阶级政党，作为共产国际的一个支部，都"必须执行""共产国际代表大会及其执行委员会的一切决议"，并以此作为各国工人阶级政党加入共产国际的条件。共产国际也因此无视各国工人阶级政党的自主权，肆意干涉各国事务。

中国共产党是在共产国际帮助下建立的，中国党的主要领导人都是由共产国际提议或经共产国际同意的，中国党的思想理论、路线政策都与共产国际有着密不可分的关系，中共中央的重要决议、决策都得经共产国际审批或由共产国际代表直接参予制定。直到 1935 年遵义会议，中国共产党才第一次独立自主地解决自己的路线和中央的人选问题。因此，共产国际对中国革命的正确的和错误的指导，必然给中国革命带来积极的和消极的双重效应。如何既能汲取共产国际关于中国革命的有益思想，得到它的帮助，又能在同它把马克思主义教条化及其对中国共产党的禁锢作斗争中得以发展，便成为中国共产党在中国革命行程中必须正确处理的一个重大而复杂的历史课题。

第一，毛泽东率先吹响反对本本主义的号角。在中国共产党的创立暨大革命时期，作为共产国际的一个下属支部，共产国际对中国问题给予高度关注，并在帮助分析中国国情、制定民主革命纲领和国共合作政策等方面，给中国共产党以真诚援助。但共产国际为了把中国革命与世界革命联系在一起，实现其对中国革命的领导，就要求中国共产党必须根据共产国际指示，服从共产国际的战略决策。共产国际在中国革命中做出贡献的同时，也开始暴露了它的一系列缺点和错误。特别是在大革命时期具体实施统战政策的指导上，对资产阶级右翼势力的反共倾向只强调团结不主张斗争，其结果给中国革命带来了巨大的消极影响。

大革命失败后中国共产党在共产国际直接指导和参与下，适时地转变政治战略，实行土地革命，开展武装斗争的总方针，都是正确的。但在如何对待共产国际问题上当时党的领导人表现得更加唯命是从，此后党内发生的三次"左"倾错

误及中央人选的变化，都与共产国际有着直接的关系。其中以教条主义为特征的王明"左"倾冒险主义，实际上完全是照搬共产国际的那一套。王明发表的《两条路线》的小册子更是把共产国际决议绝对化和苏联经验神圣化的标本。它对中国革命的最大危害，在政治上就是实行"下层统一战线"政策，犯了关门主义错误，使白区革命力量遭受严重损失；在军事上就是第五次反"围剿"斗争的失败。而这两个方面，与共产国际"左"的政策和错误的军事指导有着密切联系。

大革命失败不久，城市武装起义正作为武装反抗国民党反动派的主要形式，被共产国际和党的领导机关奉为金科玉律之时，中国共产党内便有人对将中国革命与十月革命进行简单模仿和机械类比提出了疑问，并初步认识到必须实行区别于俄国革命模式的中国革命自己的形式。毛泽东在领导秋收起义攻打中心城市失利后，毅然将部队引向井冈山。他坚信"上山"可以造成割据，边区的红旗将始终不倒。他在《中国的红色政权为什么能够存在?》《井冈山的斗争》等符合国情而又具有反教条主义精神的文章中，提出了"工农武装割据"的思想。在《星星之火，可以燎原》一文中，他更明确认定共产国际首先争取群众，然后在中心城市武装起义夺取政权的模式是不适合中国国情的——随之产生的便是对共产国际权威的动摇和自觉地起来同当时党内盛行的把马克思主义教条化、把共产国际决议和苏联经验神圣化的错误倾向进行严肃斗争。为此毛泽东写了《反对本本主义》一文，既肯定必须读马克思主义的本本，又旗帜鲜明地反对本本主义，强调必须用马克思主义的立场、观点、方法分析中国革命实际。其中，"没有调查，就没有发言权""中国革命斗争的胜利要靠中国同志了解中国情况"的论断，既有自觉也是自信，表明中国共产党人不但已明确认识到了必须反对教条主义、把马克思主义与中国革命实践相结合，实事求是，而且认识到了不能单纯依靠远离中国革命的共产国际来实现马克思主义与中国实际的结合，只能依靠中国共产党人自己独立自主。

第二，遵义会议使党摆脱了对共产国际的依赖。20世纪30年代初，随着共产国际派出的亲信们在各根据地推行教条主义政策，并直接控制了军事指挥权，推行"左"倾冒险主义的军事方针，结果则导致第五次反"围剿"的失败，中国革命几乎遭到灭顶之灾，这也就宣告了在中国照搬俄国革命模式的破产。为了挽救革命，挽救中

国共产党，1935年1月，长征途中的中共中央在贵州遵义召开了政治局扩大会议。

　　遵义会议是中国共产党历史上生死攸关的转折点。首先，这次会议第一次以党中央政治局的名义肯定了毛泽东从中国革命战争特点出发提出的战略战术原则，实际上肯定了毛泽东把马克思主义与中国革命实际相结合的成果，从而表明党已在很大程度上摆脱了把马克思主义教条化、把共产国际决议和苏联经验神圣化的思想束缚。其次，遵义会议实际上确立了毛泽东的领导地位，使他所代表的新鲜活泼的创造性的马克思主义学风能在全党范围内，得到广泛提倡并逐渐在党内占统治地位。再次，遵义会议基本理顺了中共同共产国际的关系。会议是在没有共产国际及其代表干预的情况下召开的，中国共产党独立自主地应用马克思主义基本原理总结中国革命经验，解决中国革命问题，批判和纠正了国际军事代表的教条主义错误。与此同时，中国共产党对共产国际还是尊重的，对其指示，采取了正确的就执行，错误的就抵制的态度，实际上使党摆脱了对共产国际的依赖，挣脱了共产国际的控制。共产国际对遵义会议及其成果，并没有积极地反对，而是采取了默认的态度，这就为中国共产党独立自主地、创造性地实践把马克思主义与中国实际相结合的原则提供了重要条件。

第三，向全党提出"使马克思主义在中国具体化"的任务。1937年抗日战争爆发后，共产国际执委会书记处曾召开专门会议，讨论中国抗战形势和中共的任务。他们认为中共在抗日民族统一战线上执行的坚持独立自主原则，放手发动群众，开展游击战争，建立敌后根据地的政策等不符合国际"一切服从统一战线""一切经过统一战线"的意图，必须派出"熟悉国际形势的新生力量"去帮助中共中央"纠正错误"。派回王明新右倾投降主义分子。王明盲目追随共产国际和斯大林，企图使中国共产党的方针政策完全适应苏联外交政策的需要，因而对党的实际工作造成了不应有的损失。

1938年9月至11月召开中共六届六中全会，共产国际终于承认朱德、毛泽东等领导的八路军执行了党的新政策，中共的政治路线是正确的，中共在复杂环境和困难条件下真正运用了马列主义，并明确表态，在中共中央内部应支持毛泽东的领导地位，王明缺乏实际工作经验，不应争当领袖。共产国际的这一表态，对中国共产党克服王明错误的思想影响极为有利，同时也为"马克

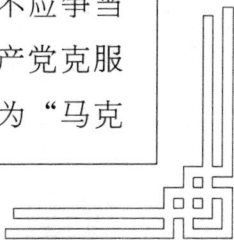

思主义中国化"任务的提出提供了契机。

毛泽东抓住这一有利时机，立即向全党提出"使马克思主义在中国具体化"的任务。所谓马克思主义在中国具体化，内容有两个方面：首先是作为思想原则。"使之在其每一表现中带着必须有的中国的特性，即是说，按照中国的特点去应用它。"其次是使之具有一定的民族形式，即："洋八股必须废止，空洞抽象的调头必须少唱，教条主义必须休息，而代之以新鲜活泼的、为中国老百姓所喜闻乐见的中国作风和中国气派。"为此，毛泽东等人从各个方面作了大量的艰巨工作，有效地推进这一任务的实现；在实践上，彻底改变教条主义者以所谓"国际利益"实际是以苏联利益为出发点考虑问题的做法，立足于中国实际，从中国革命的实际需要和客观可能出发，将民族利益和中国革命利益放在第一位，正确处理国际主义和爱国主义的关系，以此为基点来制定和完善党的各项方针政策；在理论上，系统地总结了党成立以来在统一战线、武装斗争、党的建设三个基本问题以及中国革命的发展方向和历史方位，即民主革命和社会主义革命两者关系方面的经验，提出了完整的新民主主义革命的理论和政策，使马克思主义中国化的理论成果——毛泽东思想达到成熟；在组织上，从1941年9月开始在党的最高层展开对党内教条主义领导人王明等人的思想斗争；在学风上，通过延安整风，对全党进行马克思主义教育，批判教条主义、宗派主义和党八股，树立起马克思主义必须与中国实际相结合即实事求是的思想原则。

通过延安整风运动和党的六届七中全会《关于若干历史问题的决议》的制定，特别是1945年中国共产党七大确立"中国的马克思主义"——毛泽东思想为党的指导思想，表明：马克思主义已真正赋予了一种鲜明的中国民族形式；马克思主义中国化的思想原则已得到全党的承认和肯定，马克思主义中国化已实现了历史性的飞跃。

中国共产党对待共产国际的指示采取了分析的态度，对于正确的方面加以肯定，对于错误的方面则进行抑制，但同时也注意维护团结。1943年5月共产国际宣布解散后，国民党反共分子趁机制造反共舆论，叫嚷"马列主义已经破产"，"共产主义不适用于中国"，要求"解散共产党"，"取消陕北特区"。为了反击国民党在思想领域掀起的反共、反民主逆流，1943年6月26日，中共中央在延安召开干部大会，毛泽东以中央政治局主席名义发表讲话，充分肯定了共产国际在帮助

各国组成工人阶级政党、组织反法西斯战争的伟大事业立下巨大功劳。并指出，共产国际在中国人民中影响很大，对中国的北伐战争、土地革命与抗日战争，都做了很大的帮助。

此后在相当长的一段时间里，中共在正式文件和会议上，对共产国际与中国革命的关系问题的评价，始终采取了慎重的态度，这是以毛泽东为核心的第一代党中央正确对待共产国际与中国革命关系问题的基本立场。

（四）人民共和国正式诞生与中国历史新纪元

从土地革命战争时期建立工农红军和农村革命根据地的艰辛实践，到抗日战争时期抗日民主根据地的创建和发展，再到解放战争时期解放区的迅速扩大，农村包围城市、武装夺取政权道路理论得到了完满的实现。历史证明：农村包围城市的新民主主义革命发展道路是中国共产党人经过20多年的浴血奋战，历经千辛万苦探索出来的，是符合中国国情的正确革命道路。1949 年 10

月 1 日中华人民共和国的成立，是农村包围城市道路的伟大成果。

中国自近代以来，民族独立和人民解放是中国人民面临的两大历史任务之一，凝聚着几代中国人的鲜血、光荣与梦想。1949 年新民主主义革命的胜利和中华人民共和国的建立，使中国社会发生了翻天覆地的变化。从生产力到生产关系，从经济基础到上层建筑，开始了 20 世纪中国第二次历史性巨变。

1. 中华人民共和国成立

建立新中国，是中国人民多少年来的理想。但在长时间内，由于反动力量远远大于人民革命力量，这种目标还只是个美好的远景。随着解放战争走向全面胜利，随着建立新中国已成为越来越多的人的共同追求，这个问题便提到议事日程上来了。

1947 年 10 月，当人民解放军全面转入战略进攻后不久，毛泽东便在《中国人民解放军宣言》中提出："联合工农兵学商各被压迫阶级、各人民团体、各民主党派、各少数民族、各地华侨和其他爱国分子，组成民族统一战线，打倒蒋介石独裁政府，成立民主联合政府。"1948 年 4 月 30 日，

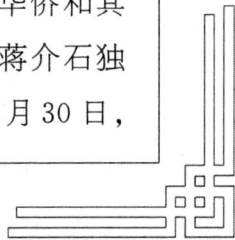

经毛泽东审定的中共中央纪念"五一劳动节"口号，又发出"迅速召开政治协商会议"，讨论"成立民主联合政府"的号召。这一号召得到各民主党派和海外华侨的热烈欢迎。他们冲破国民党反动派的层层阻挠和破坏，纷纷汇合到北京。

1949 年 6 月 15 日至 19 日，毛泽东主持召开了新政治协商会议筹备会第一次会议，并在开幕式上讲话，他说："这个筹备会的任务，就是：完成各项必要的准备工作，迅速召开新的政治协商会议，成立民主联合政府，以便领导全国人民，以最快的速度肃清国民党反动派的残余力量，统一全中国，有系统和有步骤地在全国范围内进行政治的、经济的、文化的和国防的建设工作。……中国人民将会看见，中国的命运一经操在人民自己的手里，中国就将如太阳升起在东方那样，以自己的辉煌的光焰普照大地，迅速地涤荡反动政府留下的污泥浊水，治好战争的创伤，建设起一个崭新的强盛的名副其实的人民共和国。"

会议一致推选毛泽东为筹委会常务委员会主任，周恩来、李济深等为副主任。会议决定设立专门组织，拟定参加新政协会议的单位；起草新政协会议组织条例、共同纲领；拟定中华人民共和国政府方案、国旗国徽国歌方案等。9 月 17 日筹委会第二次会议基本上通过了上述各项提案，并将新政协名称定为中国人民政治协商会议。

1949 年 9 月 21 日下午 7 时，毛泽东等来到中南海怀仁堂，出席中国人民政治协商会议。大会在欢快的中国人民解放军进行曲和场外鸣放 54 响礼炮声中隆重开幕，全体代表起立，热烈鼓掌达 5 分钟之久。这是一个具有历史意义的庄严时刻，这是中国各族人民空前大团结的象征，是人民当家做主的盛会。

中国人民的领袖毛泽东在开幕词中庄严宣告："占人类总数四分之一的中国人民从此站立起来了。……我们的民族将从此列入爱好和平自由的世界各民族的大家庭，以勇敢而勤劳的姿态工作着，创造自己的文明和幸福，同时也促进世界的和平与自由。我们的民族将再也不是一个被人侮辱的民族了，我们已经站起来了。我们的革命已经获得了全世界广大人民的同情与欢呼，我们的朋友遍于全世界。"

毛泽东号召全国人民团结一致，把我国建设成一个繁荣昌盛的国家！中国人被人认为不文明的时代已经过去了。我们将以"一个具有高度文化的民族出现于世界。……让那些内外反动派在

我们面前发抖吧，让他们去说我们这也不行那也不行吧，中国人民的不屈不挠的努力必将稳步地达到自己的目的"。

毛泽东的这些话说出了此时此刻中国人民的共同心声。许多人为此热泪盈眶。特邀代表宋庆龄说："这是一个历史的跃进，一个建设的巨力，一个新中国的诞生！我们达到今天的历史地位，是由于中国共产党的领导。这是惟一拥有人民大众力量的政党。孙中山先生的民族、民权、民生三大主义的胜利实现，因此得到了最可靠的保证。"

毛泽东在大会上还庄严地指出："现在的中国人民政治协商会议是在完全新的基础之上召开的，它具有代表全国人民的性质，它获得全国人民的信任和拥护。因此，中国人民政治协商会议宣布自己执行全国人民代表大会职权。"同日，刘少奇代表拥有近450万名党员的中国共产党讲话。他说："中国的历史进入一个完全新的时代——人民民主的时代。"在今后，"中国共产党一定要为人民政治协商会议的成功及其发展和巩固而进行不懈的努力"。经过讨论，会议一致通过《中国人民政治协商会议共同纲领》《中华人民共和国中央人民政府组织法》《中国人民政治协商会议组织法》。

会议决定：中华人民共和国的首都定于北京；采用公元纪年；以《义勇军进行曲》为代国歌；国旗为五星红旗。

9月30日，会议根据《中华人民共和国中央人民政府组织法》，选举毛泽东为中央人民政府主席，朱德、刘少奇、宋庆龄、李济深、张澜、高岗为副主席，周恩来、陈毅等56人为委员，组成中央人民政府委员会，同时选出以毛泽东为主席的由180人组成的第一届中国人民政治协商会议全国委员会。

10月1日下午2时，中央人民政府委员会举行第一次会议，一致决议宣布中华人民共和国中央人民政府成立，接受《共同纲领》为中央人民政府的施政方针。会议推选林伯渠为中央人民政府委员会秘书长，任命周恩来为中央人民政府政务院总理兼外交部长，毛泽东为中央人民政府人民革命军事委员会主席，朱德为中国人民解放军总司令，沈钧儒为中央人民政府最高人民法院院长，罗荣桓为中央人民政府最高人民检察署检察长，并责成他们从速组成政府机关，开始执行各项政府工作。

同日下午3时，首都30万军民齐集天安门广场，隆重举行庆祝中华人民共和国中央人民政府

成立盛典。毛泽东主席亲手升起了第一面五星红旗，并宣读中央人民政府公告，庄严宣告："中华人民共和国中央人民政府已于本日成立了。"

中华人民共和国的成立，标志着中国新民主主义革命已经取得基本的胜利，标志着中国广大人民受奴役受压迫的半殖民地半封建时代已经过去，中国已成为一个新民主主义的国家。中国历史从此进入了一个人民群众当家做主的新时代。

2. 人民当家做主的国家政权

马克思主义认为："一切革命的根本问题是国家政权问题。"无产阶级和广大人民要获得解放，必须通过革命手段，打碎旧的国家机器，建立自己的国家政权，并进而运用这个政权改造整个社会，逐步消灭一切阶级，达到共产主义。新中国国家政权，正是在彻底打碎了国民党南京政府旧的国家机器后，重新建立起来的人民政权。

1949 年 6 月，毛泽东在《论人民民主专政》一文中就阐述了新中国政权的建设问题，系统、完整地论述了人民民主专政思想。第一，在中国，建立工人阶级领导的以工农联盟为基础的人民民主专政是历史的必然。毛泽东说："总结我们的经验，集中到一点，就是工人阶级（经过共产党）

领导的以工农联盟为基础的人民民主专政……这就是我们的公式，这就是我们的主要经验，这就是我们的主要纲领。"第二，在人民民主专政的国家政权中，工人阶级是领导阶级，工农联盟是基础，同时，还要团结民族资产阶级及其派别和代表参加这个政权；第三，人民民主专政是对人民内部的民主方面和对反动派的专政方面的统一；第四，规定了人民民主专政的职能及其历史使命；第五，其政体采取民主集中制的人民代表大会制；第六，新中国的前途，就是经过工人阶级领导的人民共和国，到达社会主义和共产主义。

毛泽东关于人民民主专政的理论，发展了马列主义关于国家和无产阶级专政的学说，为在我国建立人民民主专政的国家制度奠定了重要的理论基础和政策基础。新中国人民民主专政的国家政权，正是在此理论指导下建立起来的。

新中国人民民主专政的国家政权，作为体现人民当家做主的一种民主形式，要求建立与之相适应的政体，而人民代表大会制度则是符合我国国情的，体现人民当家做主的最好形式。毛泽东早就指出：新中国的国家政体应采取民主集中制的人民代表大会制度，"由各级人民代表大会决定大政方针，选举政府"。1948 年 9 月，他强调说，

在中国既不能照搬俄国的苏维埃模式，又不能照搬资产阶级的议会制，只能是经过人民代表会议发展为人民代表大会制。

在此基础上，《共同纲领》明确规定："中华人民共和国的国家政权属于人民。人民行使国家政权的机关为各级人民代表大会和各级人民政府。"同时，鉴于新中国成立初期的国内形势，还不具备全面普选的条件，规定了"在普选的全国人民代表大会召开以前，由中国人民政治协商会议的全体会议执行全国人民代表大会的职权"。《共同纲领》的颁布和实施，为确立人民代表大会制度奠定了坚实基础。

1954 年 9 月，中华人民共和国第一届全国人民代表大会第一次会议在北京召开。大会通过了《中华人民共和国宪法》等一系列法律，使人民代表大会制度从内容和形式上初步完备化。它标志着人民代表大会制度，作为新中国的根本政治制度正式确立，并开始在实际生活中发生作用。

人民代表大会制度作为我国的政体，充分体现了我国人民民主专政的本质，是中国历史上一种完全新型的国家政权组织形式。首先，它不同于中国历史上任何一种国家体制，直接反映了新中国的国家性质，从国家形式上实现了真正的人民民主即社会主义民主。在旧中国历史上，曾经先后出现过封建君主专制政体、资产阶级议会制、大地主大买办阶级的独裁专制体制等。这些政体都是为其剥削阶级的国家政权服务的，是同人民当家做主的国家政权本质根本不相容的。而在人民代表大会制度下，国家一切权力属于人民，人民行使国家权力的机关是全国人民代表大会和地方各级人民代表大会。它们都由民主选举产生，对人民负责，受人民监督。它具有最广泛的群众性，最能代表全体人民的意愿。

其次，人民代表大会制度是按照民主集中制原则建立起来的，既保证了人民享有广泛的民主权利，又保证了国家权力的集中统一。毛泽东说："它是民主的，又是集中的，就是说，在民主基础上的集中，在集中指导下的民主。只有这个制度，才既能表现广泛的民主，使各级人民代表大会有高度的权力；又能集中处理国事，使各级政府能集中地处理各级人民代表大会所委托的一切事务，并保障人民的一切必要的民主活动。"

再次，人民代表大会制度是具有中国特色的社会主义民主制度，它同资产阶级议会制有本质的区别，也不完全等同于俄国的苏维埃制。资产阶级议会制是以生产资料私有制为前提的，而我

国的人民代表大会制则社会主义民主制度，是建立在社会主义公有制基础上的，二者有着本质的区别。虽然新中国成立初期，社会主义公有制在我国尚未完全建立，但社会主义革命已经开始。

总之，人民代表大会制度的确立，是我国新民主主义革命胜利后上层建筑领域的一项重大变革，它从根本上保证了国家的一切权力属于人民，有利于激发人民的主人翁责任感，加强全国人民的团结，从而为新中国民主政治建设奠定重要基础。

新中国人民民主专政的另一项基本政治制度，是建立了中国共产党领导的多党合作和政治协商制度。这一制度是在马列主义、毛泽东思想的指导下建立和发展起来的，是社会主义的政党制度，是社会主义民主的生动体现。在多党合作中，中国共产党居领导地位，是执政党，各民主党派在中共领导下同中共通力合作，共同致力于社会主义革命和建设事业的亲密友党，是参政党。各政党都得到宪法承认和保护，享有宪法规定的权力义务范围内的政治自由、组织独立和法律上的平等地位。各政党之间没有在朝和在野之分，也不是多党轮流执政。它不同于资本主义国家的多党制和两党制，也不同于其他社会主义国家的一党制，而是具有中国特色的政党制度。

我国多党合作的主要内容是：参政议政、民主协商、互相监督。后来，毛泽东在谈到为什么要让民主党派监督共产党时说："这是因为一个党同一个人一样，耳边很需要听到不同的声音。"中国共产党处于执政地位后，更需要听到各种意见和批评，接受人民群众监督。这对于加强和改善共产党的领导，推进社会主义民主政治建设，保持国家和社会的稳定，促进社会主义革命和建设事业的发展，都具有重要意义。

3. 独立自主的外交政策

在中国革命即将取得最后胜利的前夕，中国共产党人就面临着这样一个问题：面对风云变幻的国际形势，新中国将如何建立自己的外交关系，采取什么样的外交政策？1949 年 1 月，中共中央发出《关于外交工作的指示》，把独立自主的问题放在十分突出的地位。后来，《共同纲领》又明确规定："中华人民共和国外交政策的原则，为保障本国独立、自由和领土主权的完整，拥护国际的持久和平和各国人民间的友好合作，反对帝国主义的侵略政策和战争政策。"同时，还规定了一系列具体的外交方针，为新中国独立自主的和平外

交奠定了坚实基础。

考虑到新中国成立之初将要面临的国内国际形势，中共中央和毛泽东主席首先提出了"另起炉灶"、"打扫干净屋子再请客"和"一边倒"的三条方针。

"另起炉灶"，就是同旧中国的屈辱外交彻底决裂，不承认旧中国同其他国家建立的外交关系，要在新的基础上同世界各国建立新的外交关系。

"打扫干净屋子再请客"，就是要在彻底清除旧中国遗留下来的帝国主义在华特权和残余势力之后，再请客人进来，以免敌对者"钻进来"捣乱。

"一边倒"，即倒向社会主义一边。这包含两方面的含义：第一，"团结工人阶级、农民阶级、城市小资产阶级和民族资产阶级，在工人阶级领导之下，结成国内的统一战线，并由此发展到工人阶级领导的以工农联盟为基础的人民民主专政的国家"，走社会主义道路，第二，"联合世界上以平等待我的民族和人民，共同奋斗。这就是联合苏联，联合各人民民主国家。联合其他各国的无产阶级和广大人民，结成国际统一战线。"反对帝国主义的侵略政策和战争政策。

为实施这一战略，新中国采取了一系列步骤：

首先，同苏联和各社会主义国家建立和发展友好合作关系。1949年12月至1950年2月，毛泽东主席、周恩来总理赴苏访问，并同苏联签署《中苏友好同盟互助条约》，取代旧中国同苏联签订的、有损中国权益的《中苏友好同盟条约》。这一条约的签订，有利于加强中苏两国的友好合作和共同对付可能的外来侵略，有利于我国放手进行国内的经济建设。与此同时，我国同其他社会主义国家的友好合作关系也获得全面发展，从而大大加强了社会主义阵营的力量，对维护远东和世界的和平起到了重要的积极作用。

独立自主是新中国外交的根本方针，是区别于旧中国的最主要特征，它贯穿于新中国外交的各个领域。我国在实行"一边倒"战略的同时，始终坚持这一方针。毛泽东明确指出，要用自己的脑袋思考，要用自己的腿走路。不能一切照抄，机械搬运。周恩来强调，为了抵抗美国的侵略和威胁，同苏联结盟是必要的，但"不能把自己的党和国家的独立性丢掉"。从这一立场出发，即使在中苏结盟时期，我国也没有放弃对苏联大国沙文主义的批评与抵制。1956年，波兰和匈牙利事件发生后，刘少奇和邓小平受中共中央委派访问了苏联，遵照毛泽东主席的指示，强调必须承认

社会主义各国和各国共产党之间的独立原则和平等原则，并转达了毛泽东关于在社会主义国家之间也应实行和平共处五项原则的建议。同年11月，毛泽东又公开指出，忽视各国平等的错误，"就其性质来说，是资产阶级沙文主义的错误。这种错误，特别是大国沙文主义错误，对于社会主义各国的团结和共同事业，必然会带来严重的损害"。

第二，积极谋求建立新的国际关系。20世纪50年代初期，毛泽东就提出了世界各国和平共处和大小国家一律平等的思想。据此，周恩来于1953年底进一步提出了互相尊重主权和领土完整、互不侵犯、互不干涉内政、平等互利、和平共处五项原则，并在次年访问印度和缅甸时，同上述两国正式倡议将这五项原则作为国际关系的基本原则。此后不久，毛泽东又明确提出："应把五项原则扩展到所有国家的关系中去。"他还说："中国愿意同一切国家包括美国在内和平共处。"60多年来，和平共处五项原则越来越显示出强大的生命力，得到国际社会的普遍赞同。

为促进亚非国家团结与合作，我国积极支持并参加了在印度尼西亚万隆举行的亚非会议。这是战后第一次由亚洲国家自己举办，而没有西方殖民国家参加的国际会议。周总理为首的中国代表团，坚持求同存异的方针，开展了卓有成效的工作，挫败了美国破坏和分裂会议的图谋，推动运动在和平共处五项原则的基础上达成了著名的万隆十项原则，为加强亚非国家的团结合作做出了重要贡献。

亚非会议以后，我国在和平共处五项原则基础上同亚非国家的友好合作关系进一步发展，又有一些亚非国家同我国建交。与此同时，我国为恢复联合国和其他国际组织的合法席位开展了坚持不懈的斗争，揭露了美国把约占世界人口 1/4 的新中国排斥在国际社会之外的无理行径，为后来最终彻底解决这一问题准备了条件。

第三，坚决反对美国的侵略政策和战争政策。新中国成立后，美国不甘心自己在中国的失败，它不仅企图在政治上孤立中国，而且企图从朝鲜、越南和中国台湾三个方面对中国进行军事威胁。中国不得不在三条战线上同美国展开严肃的斗争。

1950 年 6 月 25 日，朝鲜内战爆发。美国对朝鲜进行大规模军事干涉，并派兵侵占我国领土台湾，直接威胁我国安全。中国遂决定应朝方要求派志愿军入朝作战，抗美援朝，保家卫国，在军事和外交两条战线同美国进行面对面的较量，终

于迫使美国不得不于 1953 年 7 月 27 日签署朝鲜停战协定。

美国在侵略朝鲜的同时，加紧干涉印度支那。美国的行动不仅是支持法国殖民主义镇压印度支那人民，而且对中国南方边陲的安全构成重大威胁。中国在极其困难的条件下，全力支持越南人民反抗法国殖民主义和美国的干涉，为恢复印度支那的和平和实现越南北半部的完全解放做出了自己的贡献。

抗美援朝和援越抗法斗争的胜利表明，新中国已成为维护亚洲和世界和平的一支重要力量。1954 年 4 月，我国以五大国之一的身份，参加了关于朝鲜问题和印度支那问题的日内瓦会议。周恩来总理兼外长率团与会，并以原则坚定、策略灵活的高超外交艺术，同其他与会国一道，排除了美国的干扰，为上述问题的解决发挥了重要作用。

为维护国家主权与安全，我国从 20 世纪 50 年代起就同美国在我国台湾问题上进行了坚决有力的斗争。1950 年 11 月，我国政府特派代表伍修权在联合国安理会上向全世界揭露和控诉美国侵略我国台湾的罪行。1954 年 12 月，美国同蒋介石集团签订"共同防御条约"，并支持蒋军对大陆和沿海进行军事骚扰。我军坚决反击，一举解放了一江山岛。美国陷入恐慌，匆忙要求联合国秘书长出面斡旋，企图阻止我国采取进一步的行动。我国发表声明严正指出，解放台湾是中国的内政，联合国和任何国家都无权干涉。在我军坚决反击下，国民党军队弃守大陈岛，我军解放了浙江沿海岛屿。

中国政府和人民在坚决反对美国的侵略政策和战争政策的同时，积极寻求缓和同美国的紧张关系。1955 年 4 月，周恩来总理参加亚非会议期间发表声明："中国人民同美国人民是友好的。中国人民不要同美国打仗。中国政府愿意同美国政府坐下来谈判，讨论和缓远东紧张局势的问题，特别是和缓台湾地区的紧张局势问题。"中国政府的和平诚意得到了各国政府和人民的普遍赞赏，并对美国形成压力。在这种情况下，美国不得不表示，不排除同中国进行双边谈判的可能性，从而为日后中美大使级会谈开辟了道路。

经过这一时期的外交工作，新中国在国际上已经站稳了脚跟。到 1956 年，同中国建交的国家已有 25 个，为中国外交的进一步发展奠定了坚实的基础。

4. 欣欣向荣的社会风貌

中国是一个具有两千多年封建社会历史的国家，只是到了近代，由于帝国主义侵略，才使中国由一个独立的封建社会，变成了一个半殖民地半封建社会。但是，作为封建剥削制度的根基，即地主对农民的剥削，不但依旧保持着，而且始终在我国社会经济生活中占着显著的优势。新中国成立后，为了彻底消灭封建的土地剥削制度，解放农村生产力，为国家工业化开辟道路，1950年6月，中央人民政府公布了《中华人民共和国土地改革法》。根据这部法律，从1950年秋冬到1952年，新解放区进行了轰轰烈烈的土地改革运动，使全国近3亿无地少地的农民分得了约7亿亩的土地和其他生产资料，摆脱了地主的压迫和剥削制度，从而从根本上消灭了在中国延续2000多年的封建剥削制度。这就极大地激发了广大农民的生产积极性，彻底解放了生产力，促进了农业生产的恢复和发展。

在从旧中国到新中国的社会变迁中，对于农民而言，感受最深的就是土地制度的改革。拥有一份自己的土地，在这块土地上耕种、收获，这是千百年来亿万农民的梦想。如今，在中国共产党领导下这个梦想终于变成了现实。这对于巩固新生的国家政权，顺利地进行社会主义革命和建设都具有重要意义。

全国解放初期，娼妓、烟毒等严重污染社会风气，腐蚀民众，破坏社会秩序。新中国成立后，决不允许这些社会毒瘤继续存在下去。为了巩固人民民主专政，净化社会环境，稳定社会秩序，1949 年 11 月 21 日，北京市第二届人民代表会议通过封闭妓院的决定。当晚，出动大批干部和民警封闭全市所有妓院，将妓院老板集中审查处理，将妓女集中在教养院进行学习，帮助她们改造思想，医治疾病，组织她们参加生产，学习技艺。经过学习教育，她们中的绝大部分都成为自食其力的劳动者，择偶成家，过上正常人的生活。继北京之后，上海、天津等全国大中小城市都采取同样措施，在很快的时间内，使这种在旧社会绵延几千年的丑恶现象顿时绝迹。对吸毒、赌博等同旧中国反动统治和黑社会势力有密切关系的社会病害，党和政府也严加禁止。经过努力，这些在旧中国屡禁不绝、在西方社会也被视为不治之症的社会病害，在党和人民政府领导下，基本禁绝。

为了保障人民生命财产安全，巩固人民民主

专政，稳定社会秩序，1950 年 10 月 10 日，中共中央发出《关于镇压反革命活动的指示》。根据这一指示，一场声势浩大的镇反运动全面展开。这次运动的重点是打击土匪（匪首、惯匪）、恶霸、特务、反动党团骨干分子和反动会道门头子等五类反革命分子。在镇反运动中，党中央和毛泽东制定了一系列正确的路线、方针和政策，在全国各大中城市集中采取统一行动，逮捕了一大批罪大恶极的反革命分子，并根据罪行轻重，分别予以杀、关、管的处罚。至 1952 年底，这一运动基本结束。

经过这场全国规模的镇反斗争，基本上肃清了在大陆的反革命残余势力，巩固了人民民主专政，稳定了社会秩序，使我国社会上出现了几百年从未有过的安定局面，连多少年来匪患最猖獗的福建、湘西、广西、广东、四川、贵州、云南等地，革命秩序也渐趋安定。从而确保了我国国民经济恢复工作的顺利进行，也为以后大规模的经济建设创造了必要政治条件。

针对我国的民族状况，以毛泽东为代表的中国共产党人，把马列主义关于民族问题的基本属性同中国的具体实际相结合，提出了一系列关于解决我国民族问题的基本原则和政策。在此基础上，1947年5月，中国共产党领导建立了第一个省级民族区域自治机构——内蒙古自治政府。1949年9月，中国人民政治协商会议第一届全体会议通过的《共同纲领》明确规定："各民族一律平等""反对大民族主义和狭隘民族主义""实行民族区域自治"等，从根本上改变了我国的民族关系。1951年10月，西藏和平解放，实现了中国大陆的统一。

祖国大陆的统一，标志着各民族的团结。新中国人民民主专政的国家，成为我国各民族人民友好合作的大家庭。从此，中国的历史由民族压迫的时代进入民族团结的时代。

MA LIE ZHU YI CHANG SHI GONG MIN DU BEN

三、中国特色社会主义革命道路

随着国内外形势的发展变化和实际工作经验的积累，1952 年年底，毛泽东提出了加快从新民主主义向社会主义转变的过渡时期总路线，这就是："从中华人民共和国成立，到社会主义改造基本完成，这是一个过渡时期。党在这个过渡时期的总路线和总任务，是要在一个相当长的时期内，逐步实现社会主义的工业化，逐步实现国家对农业、对手工业和对资本主义工商业的社会主义改造。"① 以此为标志，旨在全面建立生产资料社会主义公有制的社会经济变革正式展开。

---

① 《毛泽东著作选读》（下册），人民出版社 1986 年版，第704 页。

（一）制定过渡时期总路线

在新中国成立后的最初 3 年里，党和毛泽东是切实按照《共同纲领》的规定来建设中国社会的，党内其他领导人与毛泽东的构想也是基本一致的，他们团结一致，带领全国人民经过艰苦奋斗，迅速恢复了遭到严重破坏的国民经济。到 1952 年全国工农业生产已经超过历史最高水平。然而，新民主主义社会，按照毛泽东的本意既是新民主主义革命向社会主义革命转变的中介，又是半殖民地、半封建社会向社会主义社会过渡的中介，因此，何时和怎样实现新民主主义革命和新民主主义社会向社会主义革命和社会主义社会转变的问题，在建设新民主主义社会的过程中就必然突出出来。

1952 年毛泽东开始思考向社会主义过渡的问题。其间经过近一年的讨论酝酿，到 1953 年 6 月在中央政治局扩大会议上，形成了比较完整的关于党在过渡时期总路线的思想。经过中央多次开会讨论，以及对有关文件进行修改、补充，到 12

月便形成了一个完整的表述。

"党在这个过渡时期的总路线和总任务，是要在一个相当长的时期内，逐步实现国家的社会主义工业化，并逐步实现国家对农业、对手工业和对资本主义工商业的社会主义改造。这条总路线是照耀我们各项工作的灯塔，各项工作离开它，就要犯右倾或'左'倾的错误。"

"一化三改"总路线的形成是毛泽东对中国社会发展构想的第二步。

党在过渡时期总路线的主体是实现国家的社会主义工业化。总路线规定，要充分发展社会主义工业，改造非社会主义工业，建立一个基本上完整的独立的工业体系，使我国的工业不但能够制造人民必需的工业品，而且能够制造社会主义扩大再生产所需要的各种机器设备，同时为农业的机械化创造条件。这样，就使社会主义工业在整个国民经济中起着决定性的作用，并在工农业总产值中占据绝对优势，从而使我国由一个落后的农业国变成一个先进的工业国。

党在过渡时期总路线的两翼是逐步实现国家对农业、手工业和资本主义工商业的社会主义改造。对个体农业和手工业实行社会主义改造，是我国生产力发展的客观要求。毛泽东强调指出：

"没有农业社会化，就没有全部的巩固的社会主义。农业社会化的步骤，必须和以国有企业为主体的强大的工业的发展相适应。"对资本主义工商业进行社会主义改造是当时国内的主要矛盾决定的。

党在过渡时期总路线的实质是逐步地改变生产关系，基本完成对生产资料私有制的社会主义改造，使生产资料的社会主义公有制即全民所有制和集体所有制成为我国社会的经济基础，而以在我国建立社会主义制度，推动社会的进步与发展为根本目的。

党在过渡时期总路线的提出，表明毛泽东形成了社会生产力的发展和社会生产关系的改造可以同步进行的新思路。过渡时期总路线的社会构想，显然是不同于新民主主义社会构想的一个新的社会发展模式，其中最突出的变化就是由将来生产力发展了以后的"突然转变论"变成了"现逐步过渡论"，认为从中华人民共和国的建立就开始了向社会主义的过渡，整个新民主主义时期就是向社会主义转变的过渡时期。

实际上，在党的七届二中全会上，根据毛泽东的主题报告，党中央提出了两个转变的思想：即在完成新民主主义任务以后，迅速地恢复和发

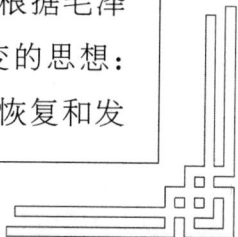

展生产，对付国外帝国主义，使中国稳步地由农业国转变为工业国，由新民主主义国家转变为社会主义国家。这两个转变，一个是生产力方面的，一个是生产关系方面的，前者是后者的前提和基础，后者是前者的延伸和结果。过渡时期中的"一化"实际上是指的生产力的转变，而"三改造"就是指的生产关系的转变，因而新民主主义的社会构想与过渡时期总路线的构想在这一点上是一致的，只是由原来的先后实现两个转变，变为同时实现两个转变了。从这个意义上应当说，由新民主主义社会构想变为过渡时期总路线的构想，是毛泽东社会主义思想的进一步发展。

　　毛泽东从中国的实际出发，依据新民主主义革命胜利所创造的向社会主义过渡的政治经济条件，运用马克思主义关于社会主义革命的学说和列宁过渡时期的理论，制定了进行社会主义革命的路线、方针和政策，在我国顺利地实现了对生产资料私有制的社会主义改造。从理论和实践上解决了在中国这样一个人口众多、经济文化落后的大国中建立社会主义制度的问题，找到了一条适合中国国情的社会主义改造道路。

　　对农业、手工业社会主义改造。在土地改革完成后，不失时机地把小农经济引上互助合作的社会主义道路。农业合作化遵循了自愿互利、典型示范和国家帮助的原则。

对资本主义工商业社会主义改造。把中国资产阶级区分为两个部分，并采取区别对待的政策。毛泽东科学地分析了我国资本主义经济的特点，把我国的资本主义划分为官僚资本和民族资本两个不同的部分，并制定了不同的政策。对官僚资本采取无偿没收的政策，对民族资本则实行利用、限制和改造的政策，对资本家采取"团结、教育、改造"的方针，从而逐步地改造了资本主义私有制和消灭了资产阶级。对资本主义工商业实行和平赎买的政策。在我国，对资本家占有的生产资料实行赎买，并没有支付单独的补偿基金，而是让资本家从他所经营的企业中获得一部分利润。在赎买的形式上经过了从加工费、货价到"四马分肥"再到定息的过程。我国对资本主义工商业的"和平赎买"，是一场特殊形式的阶级斗争。

通过适合我国条件的各种从低级到高级的国家资本主义形式改造资本主义所有制。初级形式的国家资本主义是社会主义经济成分和资本主义经济成分在企业外部进行的联系和合作。这种联系，一般表现为各种公私合同，如加工合同、订货合同、包销合同等。高级形式，即公私合营。

把对企业的改造和对人的改造相结合，用双重改造的方式完成消灭剥削阶级的历史任务，把原来的剥削者逐步改造成为自食其力的劳动者。

（二）"一化三改"并举的和平改造道路

毛泽东关于社会主义革命的理论是毛泽东思想科学体系的重要组成部分，在这一理论的指导下，我国成功地走出一条具有中国新鲜经验的有特色的社会主义改造道路。这条有中国特色的社会主义革命的道路具有其显著的特点：

第一，在处理社会主义建设和社会主义革命的关系问题上，是同时并举的。党在过渡时期的总路线就是一条社会主义建设与社会主义改造同时并举的总路线。"一化三改""一体两翼"的总路线，对"一化"（即逐步实现国家的社会主义工业化）这个主体来说，"三改"（即逐步实现对农业、手工业和资本主义工商业的社会主义改造）犹如鸟之两翼，车之两轮。主体和两翼是一个完整的不可分割的整体，没有主体就不能带动两翼，没有两翼，主体也不能腾飞。"化"与"改"之间，这一"改"与那一"改"之间，互相联系，互相促进，互相制约，体现了发展生产力和变革生产关系的有机统一，体现了革命和建设的同时并举。

第二，在对资本主义工商业的社会主义改造方面，其特点表现在：一是用赎买政策，通过和平改造的方法变资本主义经济为社会主义经济，实现了马克思、恩格斯、列宁早就提出但未能实现的设想；二是创造了从低级到高级过渡的各种国家资本主义形式；三是改造企业和改造人相结合，达到互相促进。

第三，在对农业、手工业社会主义改造方面，其特点表现在：一是从我国实际出发，在土地改革基础上，不失时机地引导农民组织起来，使农业合作化与社会主义工业化的发展相适应；二是创造了逐步过渡的形式；三是在合作化中实行了正确的阶级政策，创造性地解决了在农业社会主义改造中依靠多数的问题。

就社会主义改造本身来说，毛泽东在领导中国社会主义改造的过程中，发展了马克思主义理论，深化了社会主义实践。马克思、恩格斯曾提出对资产阶级实行"赎买"的可能性和通过示范、提供社会帮助使小农的私人生产和私人占有变为

合作社的生产和占有的设想。十月革命后，列宁曾设想用和平的方法，用"赎买"的方式来消灭资本主义和实行社会主义改造，但没有成功。毛泽东根据对中国民族资产阶级两重性的分析，吸取和总结了全党的经验，争得民主党派的合作，在对中国资本主义工商业实行社会主义改造时，以"利用、限制、改造"的政策为指导，通过加工订货、统购包销、收购产品、公私合营，在一定时期内付给资本家一定的定息的国家资本主义形式实现了"和平赎买"的设想。在对个体农业和手工业的社会主义改造中则坚持了自愿的原则，提出了我国农业合作化由互助组到初级社、再到高级社逐步过渡的形式和步骤。毛泽东还在研究列宁"新经济政策"的基础上，揭示、阐发了三大改造之间的内在关系。他认为，通过对资本主义工商业的社会主义改造，可以增加工业品支援发展农业合作化和巩固工农联盟，又可以使国家取得粮食和工业原料，使得资本家要想获得原料，就得把工业品拿出来卖给国家，就得搞国家资本主义；对资本主义工商业实行社会主义改造，还可以使国家有能力帮助手工业实现机械化，提高劳动生产率；手工业的合作化又会增强其为农业服务的能力。这一切都是毛泽东对科学社会主义理论的重大贡献。从中国社会发展的角度看，中国社会主义改造的积极意义还在于它对于巩固新生的人民民主专政的国家政权起了巨大的作用，为后来乃至今天的社会主义经济建设在制度上奠定了基础，避免了资本主义的歧途，在经济文化都很落后的情况下坚持了社会主义发展方向。

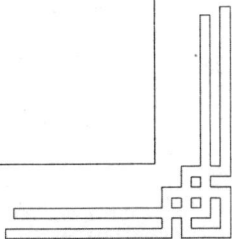

YIN LING ZHONG GUO GE MING DE ZHENG QUE DAO LU

四、社会主义改造道路与
社会主义制度正式确立

（一）从新民主主义到社会主义的
社会发展总战略

在近代中国半殖民地半封建社会里，中国革命如何走社会主义道路，必须制定符合中国特殊国情的具有中国特色的道路，绘出中国社会发展的宏伟蓝图。这在国际社会主义运动史上史无前例，是一个崭新的重大课题。国情是制约或决定一个国家社会发展的客观的基本因素，也是制定社会发展战略的依据和根本出发点。因此，必须运用辩证唯物主义和历史唯物主义基本原理，正确地分析我国的特殊国情，主要是社会经济结构、阶级关系和生产力水平及社会主要矛盾，以及世界历史时代和国际环境。而对国情的认识需要在革命斗争实践中逐步深化，从感性到理性，得出科学的论断。中国共产党人伴随着中国特殊国情和阶级结构、阶级关系认识的逐步深化，逐步形成中国革命发展战略和社会发展战略。

1. 从国民革命到土地革命战争时期，社会发展战略思想有了雏型

主要体现在 1922 年 7 月《中国共产党第二次全国代表大会宣言》、1926 年 3 月毛泽东《中国社会各阶级的分析》、1934 年 1 月毛泽东在《中华苏维埃共和国执行委员会与人民委员会对第二次全国苏维埃代表大会的报告》中。

中国共产党是在俄国十月社会主义革命的影响和共产国际帮助下，在五四运动基础上诞生的以马克思列宁主义为指导的中国工人阶级先锋队。1921 年 7 月，第一次全国代表大会制定的中国共产党第一个纲领效仿俄共（布）的模式，明文规定：无产阶级要用革命军队推翻资本家阶级政权，建立无产阶级专政，实行社会主义。翌年 7 月，

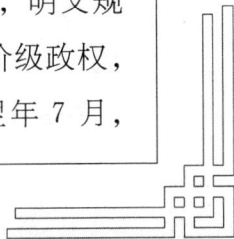

中国共产党全国第二次代表大会宣告中规定了党的最低纲领和最高纲领。最低纲领是民主革命，最高纲领是社会主义革命。这样经民主革命到达社会主义两步走的思想有了萌芽，既有明确的长远的奋斗目标——社会主义，而不是资本主义，又要分两个阶段进行，不能即刻实行社会主义革命。这一战略构想，在中国社会发展道路上，是个难解的历史课题。

中国共产党是马克思列宁主义政党，直接受益于列宁民族殖民地革命理论，因此提出了正确的纲领。俄国十月革命后，列宁十分关注东方民族殖民地的革命问题。列宁在共产党国际第二次代表大会上首次提出《民族殖民地问题提纲初稿》，为中国共产制定民主革命纲领奠定了理论基础。其中最主要的有三点：

首先，必须分清世界上已划分为压迫民族和被压迫民族。列宁在民族和殖民地问题委员会的报告中，明确指出："我们的提纲中最重要最基本的思想是什么呢？就是被压迫民族和压迫民族之间的区别。""帝国主义的特点就是现在全世界已经划分为两部分，一部分是人数众多的被压迫民族，另一部分是人数甚少的、拥有巨量财富和强大军事实力的压迫民族。"这个基本思想是马克思列宁主义同一切机会主义的分水岭，为中国共产党人考察和解决中国革命问题提供了基本思想原则。

其次，指明了殖民地半殖民地国家的革命性质、任务和前途。共产国际指出：殖民地革命的第一步应当是推翻外国资本主义和本国的中世纪剥削制度，"殖民地革命在最初时期不会是共产主义革命，然而要是它从头起就由共产主义先锋队所领导，那么革命群众，由于渐次地获得革命经验，将走上达到所抱目的的正确道路"。这就是说，革命的第一步首先是无产阶级领导的资产阶级性民主革命，其前途必然是社会主义的。

中国共产党第二次全国代表大会根据列宁民族殖民地革命理论和共产国际指示，系统地论述了国际帝国主义宰割下的中国，深刻地揭露了帝国主义侵略的实质；论述了中国政治经济现状与受压迫的劳苦群众的悲惨遭遇，明确指出："各种事实证明，加给中国人民（无论是资产阶级工人或农人）最大的痛苦的是资本帝国主义和军阀官僚的封建势力，因此反对那两种势力的民主主义的革命运动是极有意义的：即因民主主义革命成功，便可得到独立和比较的自由。因此我们无产阶级审察今日中国的政治经济状况，我们无产阶

MA LIE ZHU YI CHANG SHI GONG MIN DU BEN

级和贫苦的农民都应该援助民主主义革命运动。"
并进一步指出，"无产阶级去帮助民主主义革命，
不是无产阶级降服资产阶级的意义，这是不使封
建制度延长生命和养成无产阶级真实力量的必要
步骤"。

据此，党的"二大"明确指出：中国共产党
的奋斗目标最主要的：一是消除内乱，打倒军阀，
建设国内和平；二是推翻国际帝国主义的压迫，
达到中华民族完全独立。

同时，全会还指出："我们无产阶级有我们自
己阶级的利益，民主主义革命成功了，无产阶级
不过得着一些自由与权利，还是不能完全解放。
而且民主主义成功，幼稚的资产阶级便会迅速发
展，与无产阶级处于对抗地位。因此无产阶级便
须对付资产阶级，实行'与贫苦农民联合的无产
专政'的第二步奋斗。如果无产阶级的组织力量
和战斗力强固，这第二步奋斗是能跟着民主主义
革命胜利以后即刻成功的。"

中国共产党第二次全国代表大会制定民主革
命纲领，把中国革命分为二步走，表明中国共产
党人在探索中国革命发展战略和社会发展战略上
迈出可喜的一步，然而党的成立时间较短，加上
历史的局限性，对于两步走的关系还认识不清，

无产阶级及其政党在民主革命中的地位作用的认识还受制于旧资产阶级民主革命的影响，因而没能真正解决中国革命两步走的问题。

翌年，陈独秀抛出"二次革命论"的论调，认为民主革命胜利后建立的是资产阶级共和国，使资本主义充分发展，工人阶级壮大后，再给予反对资产阶级的社会主义革命，还之无产阶级专政。这是"二大"缺欠的进一步暴露。

以毛泽东为代表的中国共产党人，在革命实践中逐步解决了党的"二大"所留下的缺欠，纠正了"二次革命论"的错误思想。1925年，上海爆发了轰轰烈烈的"五卅"运动，检验了各阶级的政治态度。既充分显示了工人阶级的坚强力量，又暴露了资产阶级的软弱性、妥协性，特别是大资产阶级的媚外嘴脸。1926年3月，毛泽东针对党内在阶级关系问题上，存在的"左"的右的思想，继中国共产党第四次全国代表大会，提出在民主革命中无产阶级领导权和工农联盟问题后，又发表《中国社会各阶级的分析》一文，以马克思主义观点，首次对中国社会各阶级的地位和政治态度进行了科学分析，明确提出谁是我们的敌人？谁是我们的朋友？这是革命的首要问题。毛泽东指出中国当时的阶级分为地主阶级、买办阶级、中产阶级、小资产阶级、半无产阶级、无产阶级和游民无产者。地主阶级和买办阶级代表中国最落后的生产关系，是帝国主义的附庸。民族资产阶级代表中国资本主义生产关系，既受帝国主义封建主义的压迫，又同它们有千丝万缕的联系，因而对中国革命具有矛盾态度。他们企图实现资产阶级共和国，这是行不通的幻想。工业无产阶级人数虽不多，却是中国新的生产力的代表者，是近代中国最进步的阶级，是革命的领导力量。最后，他得出的结论是："一切勾结帝国主义的军阀、官僚、买办阶级、大地主阶级以及附属于他们的一部分反动知识界，是我们的敌人。工业无产阶级是我们革命的领导力量。一切半无产阶级、小资产阶级，是我们最接近的朋友。那动摇不定的中产阶级，其右翼可能是我们的敌人，其左翼可能是我们的朋友——但我们要时常提防他们，不要让他们扰乱了我们的阵线。"

土地革命战争时期，在农村革命根据地建立的红色政权，虽然受到"左"倾的干扰，但是毛泽东仍坚持了符合实际的经济政策，体现民主革命的战略思想。1934年1月，毛泽东在瑞金召开的第二次全国工农兵代表大会的报告中，讲到经济政策明确指出："现在我们的国民经济，是由国营事业、合作社事业和私人事业这三方面组成的。""我们对于私人经济，只要不出于政府法律范围之外，不但不加阻止，而且加以提倡和奖励。""尽可能地发展国营经济和大规模地发展合作社经济，应该是与奖励私人经济发展，同时并进的。"

中国共产党的"二大"纲领，毛泽东《中国社会各阶级的分析》及毛泽东在第二次全国工农兵代表大会上的报告，构成了中国共产党关于中国革命发展战略和社会发展战略构想的雏型。

2. 中国革命发展战略和社会发展宏伟蓝图形成的主要标志

一是弄清两步走之间的辩证关系，二是勾画设计出民主革命胜利后建立的新中国的蓝图。其思想载体主要是毛泽东所著《中国革命和中国共产党》《新民主主义论》《论联合政府》《论人民民主专政》以及《中国人民政治协商会议共同纲领》。

党中央和毛泽东到达陕北以后，系统地总结了两次国内革命战争胜利与失败经验教训，在抗战时期，又深刻地研究了中国的特殊国情，据此毛泽东进一步论述了中国革命的对象、任务、动

YIN LING ZHONG GUO GE MING DE ZHENG QUE DAO LU

力、性质和革命的前途与转变等中国革命基本问题，并且设计了新中国的蓝图，创造性地提出了"新民主主义革命"和"新民主主义国家"的新概念。

社会性质和社会主要矛盾决定革命性质及其发展方向。毛泽东运用历史唯物主义观点，以他严谨的理论逻辑和精当的论述，深刻地揭示了帝国主义列强的侵略使中国社会由封建社会沦为半殖民地半封建社会的罪责。指出，列强的入侵，"在一方面促使中国封建社会解体，促使中国发生了资本主义因素，把一个封建社会变成了一个半封建的社会；但是在另一方面，它们又残酷地统治了中国，把一个独立的中国变成了一个半殖民地和殖民地的中国"。这是外国帝国主义与国内封建主义相勾结的结果。由此，得出明确的结论，帝国主义和中华民族的矛盾，封建主义和人民大众的矛盾，乃是近代中国社会的主要矛盾。由此确定了经由新民主主义达到社会主义的这一中国革命发展战略和具有中国特色的革命道路。这就是"中国共产党领导的整个中国革命运动，是包括民主主义革命和社会主义革命两个阶段在内的全部革命运动；这是两个性质不同的革命过程，只有完成了前一个革命过程才有可能去完成后一个革命过程。民主主义革命是社会主义革命的必要准备，社会主义革命是民主主义革命的必然趋势。而一切共产主义者的最终目的，则是在于力争社会主义社会和共产主义社会的最后的完成"。

新民主主义革命就是："无产阶级领导的，人民大众的，反对帝国主义、封建主义和官僚资本主义的革命。"它既区别于资产阶级旧民主主义革命，又区别于无产阶级领导的社会主义革命。前者是资产阶级领导的以建立资本主义社会为目的；后者以建立新民主主义国家，而走向社会主义为目的。两者的共同点都是反对帝国主义、反对封建主义；两者根本区别的决定性因素则是无产阶级领导权问题。新民主主义与社会主义的区别在于革命对象和任务不同，因而对待资本主义的基本政策也不同。共同点都是在无产阶级领导下才能实现的，是共产党领导中国革命不可分割的两个阶段。

无产阶级的领导权是夺取新民主主义革命胜利并转变为社会主义革命，把中国由新民主主义社会过渡到社会主义社会的根本保证。而新民主主义革命胜利后建立的人民民主专政的新中国，乃是共产党赖以实现革命转变并和平过渡到社会主义的国家政权。

YIN LING ZHONG GUO GE MING DE ZHENG QUE DAO LU

（二）努力实现社会制度的大变革

新中国成立初期，以毛泽东为代表的中国共产党人把马克思列宁主义的普遍原理同中国革命的具体实践相结合，在国民经济恢复和发展的基础上，创造性地开辟了一条适合中国特点的社会主义改造道路，实现了从新民主主义到社会主义的转变，社会主义制度在中国确立，中国进入到社会主义的初级阶段。

1. 医治战争创伤和恢复国民经济

开国之初，中国共产党所面临的经济问题是十分严重的。由于帝国主义的侵略和国民党的腐朽统治，以及几十年战争的破坏，整个国民经济千疮百孔，祖国大地满目疮痍，人民生活极端贫困。工农业生产大幅度下降，物资奇缺，通货膨胀加剧，财政经济混乱。如何尽快恢复遭到破坏的国民经济，扭转经济困难的局面，这是共产党人面临的一个新课题，也是对中共执政能力的一次考验。资产阶级怀疑我们的治国能力，说共产党打天下容易，治天下难。帝国主义则认为我们终究要向他们乞讨才能活下去。毛泽东却说："打天下也并不容易，治天下也不是难得没有办法。"

为了适应新中国成立初期的新形势和新任务，中共中央和毛泽东首先强调，要在指导思想上实现全党工作重心的转移，即从以革命战争为中心，转移到以恢复经济工作为重心上来。在这一思想指导下，中国共产党率全国人民在经济战线上开展了各项卓有成效的工作。

首先是没收了官僚资本企业，并把它们改造成为社会主义国营企业。党在总结东北和华北解放战争期间接管城市经验的基础上，确定对官僚资本企业采取不打碎它们的机构，先按照原来的组织机构和生产系统，"保持原职、原薪、原制度"，由军管会把它们完整地接收下来，实行监督生产，然后逐步地进行民主改革和生产改革。接管工作既做到了快，又防止了乱，基本上没有出现生产停顿或设备破坏的现象。这些企业成为新中国成立初期国营经济的主要部分。

针对新中国成立之初物价飞涨，投机猖獗，市场混乱的状况，党和政府精心领导了稳定物价和统一财经的重大斗争。当 1949 年 11 月 25 日物价上涨最猛的时候，全国各大城市按照中央统一

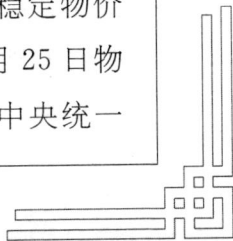

部署，一致行动，敞开抛售，使物价迅速下跌。同时又收紧银根，投机商资金周转不灵，纷纷破产。对投机资本的沉重打击，是中国共产党对资产阶级进行限制和反限制斗争中取得的第一个回合的胜利，得到了人民群众包括愿意从事正常合法经营的资本家的广泛支持。自此，社会主义的国营经济初步取得了稳定市场的主动权。

要从根本上稳定物价，必须做到国家财政收支平衡和市场物资供求平衡。1950年3月，政务院颁布《关于统一国家财政经济工作的决定》，要求统一全国财政收入，使国家收入的主要部分集中到中央，用于国家的主要开支；统一全国物资调度，使国家掌握的重要物资从分散状态集中起来，合理使用，以调剂余缺；统一全国现金管理，一切军政机关和公营企业的现金，除留一部分近期使用外，一律存入国家银行，统一调度。同时，政府还采取紧缩编制、清理仓库、加强税收、发行公债、节约开支等措施。这些政策措施收到了明显效果，财政收支接近平衡，通货膨胀得到抑制，物价上涨幅度日趋回落。稳定物价和统一财经是新中国成立后在财政经济方面一个具有重大意义的胜利，从此结束了自抗战以来连续12年通货膨胀肆虐的局面，也结束了旧中国几十年财政收支不平衡的历史，为安定人民生活、恢复和发展生产创造了有利条件。毛泽东曾经高度评价这场斗争的意义"不下于淮海战役"。

统一财政经济，稳定物价以后，国家经济生活中又出现了新的困难，表现为市场萧条，私营工商业困难，工厂停工，工人失业，社会矛盾激化。

在这种情况下，1950年6月，中共中央召开七届三中全会，毛泽东在会上作了《为争取国家财政经济状况的基本好转而斗争》的报告和《不要四面出击》的讲话。毛泽东在报告中指出：我们现在在经济战线上已经取得了一批胜利，财政经济状况已开始好转，但这还不是根本的好转。要争取国家财政经济状况的根本好转，需要三个条件，即：土地改革的完成，现有工商业的合理调整，国家机构所需经费的大量节减。会议决定合理调整工商业，调整税收，使工厂开工，解决失业问题，改善同资产阶级的关系。

在《不要四面出击》的讲话中，毛泽东正确分析了国内各阶级动态，阐明了党在恢复国民经济期间的主要任务和打击目标，提出了不要四面出击的战略策略方针。他说："四面出击，全国紧张，很不好。我们绝不可树敌太多，必须在一个

方面有所让步，有所缓和，集中力量向另一方面进攻。我们一定要做好工作，使工人、农民、小手工业者都拥护我们，使民族资产阶级和知识分子中绝大多数人不反对我们。这样一来，国民党残余、特务、土匪就孤立了，地主阶级就孤立了，台湾、西藏的反动派就孤立了，帝国主义在我们人民中间就孤立了。"

会后，国家对私营工商业进行了合理调整。主要是调整公私关系、劳资关系、产销关系。毛泽东强调，在巩固国营经济领导地位前提下，坚持公私兼顾、劳资两利原则。由于采取了正确的方针政策，调整工商业取得重大成效。到 1950 年下半年，私营工商业的生产和经营逐步得到恢复和发展，市场稳定。这对于巩固和扩大人民民主统一战线，促进整个国民经济的恢复和发展都起了重要作用。

经过三年的艰苦努力，新生的国家政权领导全国人民胜利完成了恢复国民经济的任务，并初步建立了在国营经济领导下五种经济成分并存的新民主主义经济。到 1952 年年底，全国工农业生产都达到了历史的最高水平。1952 年，全国工农业总产值比 1949 年增长 77.5%，其中工业总产值增长 145%，农业总产值增长 48.5%。这一年，钢产量达到 135 万吨，比新中国成立前最高年产量多 43 万吨；原煤 6649 万吨，比新中国成立前最高年产量多 461 万吨；发电量 73 亿度，比新中国成立前最高年产量多 13 亿度；原油 44 万吨，比新中国成立前最高年产量多 12 万吨；水泥 286 万吨，比新中国成立前最高年产量多 57 万吨；棉纱 65.6 万吨，比新中国成立前最高年产量多 21.1 万吨；粮食 16390 万吨，比新中国成立前最高年产量多 1390 万吨；棉花 1304000 万吨，比新中国成立前最高年产量多 45.5 万吨。三年间，全国修复和新建铁路通车线路 24000 多公里，公路 127000 多公里。国内市场不断扩大，城乡交流活跃，对外贸易也取得可喜成绩。随着工农业生产的恢复和发展，劳动人民的物质和文化生活水平也得到明显改善和提高。文化教育事业也有较大发展。

工农业生产和各项事业的迅速恢复和发展，一改旧中国经济衰败、社会混乱的局面，全国出现了生机勃勃的景象。这是以毛泽东为代表的中国共产党人创造的一个奇迹，它使人们真正感受到了新旧社会的巨大变化。尽管这时中国社会生产力水平还很低，人民生活还不富裕，但在新中国历史上却是一个良好的开端，它为进行社会主

义改造和有计划的经济建设提供了重要的前提和基础。

2. 生产资料私有制的社会主义改造

随着国内外形势的发展变化和实际工作经验的积累，并在苏联社会主义建设事业的初步成功的强烈示范和鼓舞下，1952 年年底，毛泽东提出了加快从新民主主义向社会主义转变的过渡时期总路线，这就是："从中华人民共和国成立，到社会主义改造基本完成，这是一个过渡时期。党在这个过渡时期的总路线和总任务，是要在一个相当长的时期内，逐步实现社会主义的工业化，逐步实现国家对农业、对手工业和对资本主义工商业的社会主义改造。"以此为标志，旨在全面建立生产资料社会主义公有制的社会经济变革正式展开。

农业的社会主义改造，是遵循自愿互利、典型示范和国家帮助的原则，通过引导个体农民走互助合作的道路逐步实现的，一般经过农业生产互助组、初级社和高级社这样几个阶段。早在战争年代，各根据地和解放区就已出现农业劳动互助组，其特点是合用耕畜、集体劳动、各自经营。新中国成立后，互助组有了更广泛的发展。到

1952年参加互助组的农户占到全国农户总数的40％。从1953年开始，以土地入股、统一经营为特点的初级农业生产合作社大量发展起来，到1955年上半年达到67万个，参加农户约1700万户，占全国农户的14.2％。1955年夏季，开始试办高级农业生产合作社，其特点是耕畜农具作价归公，劳动产品按劳分配，其性质是社会主义的集体所有制经济。1956年农业合作化的步伐大大加快，当年底，全国已有96.3％的农户参加了合作社，有87.8％的农户参加了高级社。至此，基本实现了农业的合作化。

手工业的社会主义改造，是通过引导个体手工业者走合作化道路实现的。新中国成立初期，手工业在我国工业生产中占有相当重要的地位。手工业产值占工业总产值的20％左右，手工业产品占农民所需工业品的60％到70％。对个体手工业的改造一般经过供销小组、供销合作社和生产合作社这样几个阶段。在农业作合作化高潮推动下，手工业也出现合作化高潮。1954年全国还只有13.6％的手工业者参加合作社，到1956年年底已经有92％的手工业者组织到生产合作社中，个体手工业基本上实现了合作化。

资本主义工商业的社会主义改造，通过发展

国家资本主义并对民族资本实行赎买政策而获得成功。国家资本主义的初级形式，在工业中主要有加工定货、统购包销等，在商业中主要有批销、经销、代销等，其特点是从企业外部的流通领域把社会主义经济与资本主义经济联系起来。国家资本主义的高级形式是公私合营。1955年以前主要进行单个企业的公私合营，其特点是生产资料由国家和资本家共同占用，盈利的分配按照所得税、公积金、福利基金、股息红利四部分实行"四马分肥"。1955年年底开始进行全行业公私合营，其特点是生产资料全部交给国家进行清产核资，盈利分配不再按照企业利润率而是按照每年5％付给资本家定息，资方人员由国家安排工作。企业的生产关系实际上变成社会主义性质了。到1956年年底，全国已有99％的私营工业户和82％的私营商业户实现了社会主义改造。

到1956年年底，我国基本完成了对农业、手工业和资本主义工商业的社会主义改造。尽管在改造的后期由于要求过急，工作过粗，以致长期遗留了一些问题，但是有两个基本事实必须肯定：一是在一个几亿人口的大国，完成了消灭私有制这样一个深刻而复杂的社会变革，不但没有造成生产力的破坏，而且实现了国民经济的稳定发展；

二是没有引起巨大的社会震荡，而是极大地加强了人民的团结，它是在人民基本上普遍拥护的情况下完成的，这的确是一个伟大的历史性胜利。

社会主义改造的胜利，使中国的生产资料所有制结构发生了根本性变化，公有制经济已经占据了绝对优势，社会主义经济已成为国民经济的主体经济成分，社会主义经济制度已经在我国建立起来，中国已经从新民主主义社会进入到社会主义社会初级阶段。这是我国历史上最深刻最伟大的社会变革，是新中国历史发展中一个重要的里程碑，也是 20 世纪中国第二次历史性巨大变革的重要标志。这也正如中共八大所指出的那样：由于我国社会主义改造取得了决定性的胜利，我国无产阶级同资产阶级的矛盾已基本解决，几千年来的阶级剥削的历史已经基本结束，社会主义的社会制度在我国已经基本上建立起来了。社会主义制度的建立，是我国新民主主义革命和新民主主义社会发展的必然结果，也是中国人民唯一正确的选择。

中国共产党还在实践中创造性地开辟了一条适合中国特点的社会主义改造道路，即创造了一系列从低级到高级逐步过渡的形式，用和平的方法改造个体农业、手工业和资本主义工商业，并

在历史上第一次实现了马克思和列宁关于对资产
阶级和平赎买的设想，以新的经验和思想丰富了
马克思主义的科学社会主义理论。

3. 社会主义工业化的起步

在进行社会主义改造的同时，我国发展国民
经济的第一个五年计划也在顺利实施。第一个五
年计划的制定与执行，是过渡时期总路线的重要
内容，是我国从新民主主义社会向社会主义转变
的重大步骤，标志着我国大规模的有计划的社会
主义建设的开始。

"一五"计划于 1953 年开始实施，其基本任
务是：建立我国社会主义工业化的初步基础；集
中主要力量进行以苏联帮助我国设计的 156 个建
设项目为中心的、由 694 个建设单位组成的工业
建设；发展部分集体所有制的农业生产合作社，
并发展手工业生产合作社，建立对农业和手工业
进行社会主义改造的初步基础；基本上把资本主
义工商业分别纳入各种形式的国家资本主义的轨
道，以建立对私营工商业进行社会主义改造的基
础。"一五"计划规定的经济建设任务，主要是依
靠我们自己的力量，加上苏联和其他友好国家的
支援。到 1957 年年底，"一五"计划胜利实现。

其主要成就是：

第一，一批国家工业化所必需的基础工业建立了起来。五年内全国完成的基建投资总额达550亿元，其中国家投资为493亿元。五年新增加固定资产460亿元，相当于1952年年底全国拥有的固定资产原值的1.9倍。"一五"期间施工的工业建设项目1万多个，其中大中型项目921个。五年间，有595个大中型项目全部建成并投入生产。我国过去所没有的一些工业部门，包括飞机、汽车、重型机器、精密机器、发电设备、冶金和矿山设备、高级合金钢和有色金属冶炼等，也从无到有地建设起来，从而增强了基础工业的实力。"一五"期间，以铁路为中心的交通建设取得新的进展，到1957年全国铁路通车里程达到29900公里，比1952年增长22%；全国公路通车里程达25万多公里，比1952年增加1倍。与此相对应，工业技术基础得到加强，生产水平有了较大提高。五年内，工业总产值平均每年增长18%。计划规定的46种主要产品中，生铁、钢、钢材、水泥、发电机、机床、棉纱、棉布等27种的产量提前1年达到原定1957年达到的水平。1957年钢产量为535万吨，比1952年增长近3倍；煤炭产量为13100万吨，机床产量28000台，比1952年增长

1 倍左右。

第二，农业生产有了相当程度的发展。1957年农业总产值比 1952 年增长 25％。粮食产量1952 年达到 1950.45 亿公斤，比 1949 年增长71.8％；棉花产量达 164 万吨，比 1952 年增长25.8％。其他农作物的产量，也都有很大增长。同时，五年内全国扩大耕地面积 5867 万亩，造林21102 万亩，大型水利建设和小型农田水利工程都有很大发展。从 1953 年到 1956 年，全国农业总产值平均每年递增 4.8％。

第三，由于经济发展较快，经济效果较好，轻重经济部门之间的比例比较协调，市场繁荣，物价稳定，人民生活显著改善。在工农业生产的推动下，中国的邮电业、商业、外贸、科教事业以及电影、新闻出版、戏剧等文化事业都呈现欣欣向荣的景象。五年内，全民所有制部门的职工平均实际工资增长了 30.3％；农民的收入增长30％；城乡居民的消费水平提高 22.9％；每人平均的粮食、肉类、食油、食糖、棉布等主要消费品的消费量，都有不同程度的提高。

第四，初步建立起了计划经济体制的雏形。"一五"时期，为适应大批重点建设和社会主义改造的需要，进一步形成了集中型计划经济体制，其特点是经济管理权限大多在中央政府手中。主要表现在基建项目管理、工业企业管理、农产品管理、计划管理、财政管理、物资管理、劳动工资管理等几个方面。这种集中型的计划经济体制，其优点能够把社会的资金、物资和技术力量动员、集中起来，用于有关国计民生的重点项目，有利于较快地克服国民经济发展中的薄弱环节，调整生产力地区布局，从而比较迅速地形成新的生产力。在规模比较小，结构相对简单的经济中，这种体制可以有效运行，发挥积极的作用。

第一个五年计划的胜利完成，奠定了我国社会主义工业化的初步基础。党在过渡时期的总路线以国家的社会主义工业化为主体，这一方面的任务还需要两个五年计划的努力才能达到原来预计的目标。而建成一个伟大的社会主义现代化国家，则会需要更长的时间。这种客观形势要求中国共产党从理论认识到实践行动上，把工作重心进一步转移到经济建设上来。

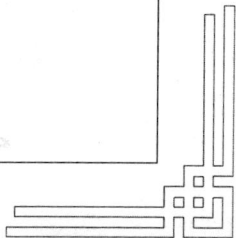

（三）在胜利完成社会主义改造的
基础上确立社会主义制度

    1956 年中国生产资料私有制的社会主义改造取得了决定性的胜利。农民、手工业者等劳动群众的个体私有制，基本上转变成为劳动群众集体所有制。亿万农民和大多数其他个体劳动者，已经成为社会主义的集体劳动者。资本家所有的资本主义私有制基本上转变成为国家所有即全民所有的公有制。全行业公私合营以后，资本家不再是原来企业的所有者，而是按照他们的能力被接受为企业的职员；他们领取的定息，由国家根据合营时核定的私股资产按固定利率付给，已同原有企业的利润没有联系。这样，国家对公私合营企业可以按照社会主义的原则进行生产管理，与国营企业基本上没有什么不同。原私人企业的工人摆脱了雇佣劳动者的地位，同国营企业的工人一样成为企业的主人，这就整合了中国工人阶级的队伍，整个工人阶级的觉悟程度和文化技术水平有了很大提高。加上国营经济在有计划经济建设中的巨大发展，在我国国民经济中，全民所有制和劳动群众集体所有制这两种形式的社会主义公有制经济，已经居于绝对统治的地位。

反映到各种经济成分在国民收入中所占的比重上，1956 年同 1952 年相比，国营经济由 19.1％上升到 32.2％，合作社经济由 1.5％上升到 53.4％，公私合营经济由 0.7％上升到 7.3％，个体经济由 71.8％下降到 7.1％，资本主义经济由 6.9％下降到 0.1％。这表明，社会主义性质的国营经济、合作社经济和基本上属于社会主义性质的公私合营经济合计为 92.9％，占到了国民收入的绝大多数。在我国农村，已基本上实现土地公有，建立起社会主义集体经济。我国绝大多数手工业者也加入了手工业集体经济组织。这标志着 1956 年我国生产资料私有制的社会主义改造已基本完成。它体现了自 1949 年中华人民共和国成立七年来，党和国家对农业、手工业、资本主义工商业的社会主义改造，完成了从量的积累到质的飞跃，社会主义经济制度在我国已经建立起来。

我国的社会主义经济制度，是随着不断解放和发展生产力而建立起来的。1956 年，在基本完成社会主义改造的同时，有计划的经济建设也取得巨大成就，提前完成了第一个五年计划所规定

的一些主要指标。按 1952 年不变价格计算，工业总产值为 703.6 亿元，比上年增长 28.2％，超过了"一五"计划规定的 1957 年所要达到的水平。在列入"一五"计划的 46 种主要工业产品中，钢、生铁、钢材、水泥、纯碱、客车、棉纱、棉布等 27 种产品的产量已达到或超过了"一五"计划规定的 1957 年的指标。不仅如此，我国工业技术水平也有很大提高，建立了一系列新的工业部门，已经能够把自己制造的许多设备、材料用以发展工业，装备农业和交通运输，加强国防工业。仅用几年的时间，毛泽东所说中国不能制造的汽车、拖拉机、飞机、坦克，到"一五"建设后期，中国人都能自己制造了。农业方面，虽然遭受了自然灾害，但由于国家对农业增加了投资和贷款，由于农业合作化的实现和农田水利建设的发展，仍取得很大成绩。按 1952 年不变价格计算，1956 年农业总产值为 583 亿元，比上年增长 5.0％；粮食产量为 385 斤，比上年增长 4.8％，接近"一五"计划规定的 1957 年的水平。生产关系的变革进一步解放了社会生产力，促进了生产力的发展。1956 年，工业总产值（包括手工业）在工农业总产值中占 51.3％，其中现代工业比重的增长，为社会主义经济制度的建立奠定了重要基础。

伴随着以生产资料公有制占绝对优势的新的经济基础的建立，社会主义经济体制、政治体制、教育科学文化体制基本形成，经济建设和国家工作的各个方面都适应和服务于社会主义经济制度的建立而得到发展和改善。

在政治方面，中国共产党发挥着领导全国人民建设社会主义的核心作用。工人阶级在整个国家的领导地位不断加强，工农联盟以及工人阶级同其他劳动人民的联盟在新的社会主义基础上进一步巩固。以人民民主原则和社会主义原则为特点的《中华人民共和国宪法》颁布实施，人民代表大会制度在国家生活中正式实行，共产党领导的多党合作和政治协商制度继续发展，民族区域自治制度也逐步完善，体现了几年来国家制度建设取得的丰富成果，构筑了社会主义的基本政治制度体系，为把我国建设成为一个伟大的社会主义国家创造了根本的制度保障。

在思想文化和社会进步方面，马克思列宁主义、毛泽东思想在全国的指导思想地位进一步加强。在批判封建主义和资本主义腐朽思想的同时，继承和发扬中国传统文化中的优秀部分，提倡用现代科学方法来整理我国优秀的文化遗产，同时注意吸收外国的一切有益的文化成果，努力开创

社会主义的民族的、科学的、大众的文化建设工作。人民群众逐渐树立起明确的社会主义意识，爱国主义、集体主义、为人民服务等共同价值观在越来越多的社会成员中得到崇尚。在全国范围内，社会主义新型的社会关系及与此相适应的良好社会风气、社会道德规范正在形成。这是在旧中国不曾有过的。

中国共产党的领导，人民民主专政的政治制度，马克思列宁主义、毛泽东思想在意识形态领域的指导地位，随着社会主义经济基础已经建立，担负起为巩固和发展社会主义经济基础服务的任务。依据这一客观历史进程，中国共产党在1956年9月第八次全国代表大会上确认："社会主义的社会制度在我国已经基本上建立起来。"

按照党在过渡时期总路线的规定，社会主义工业化和社会主义改造的完成，大约需要用三个五年计划或者更多一些时间。实践的结果是，生产资料私有制方面的社会主义改造，到1956年已经基本上完成。就这一方面而言，过渡到社会主义的任务已经实现。但是，在发展生产力方面，基本完成社会主义工业化的任务，至少还需要经过两个五年计划的时间才能打下一个初步的基础。所以，1956年我国进入的社会主义，实际上还只是社会主义的初级阶段。社会主义在中国的实践表明，建设社会主义将是一个漫长的历史过程，还需要党和人民作巨大的努力，甚至还会有原来根本没有预料到的艰难和曲折。但是，中国共产党已经领导中国人民实现了如此深刻的社会变革，进入社会主义社会，这是一个伟大的胜利。

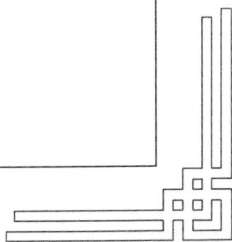

五、中国特色革命道路的综合价值

（一）中国特色革命道路的理论价值

1. 中国革命历史经验的基本总结

中国革命的历史经验异常丰富，是党的宝贵精神财富。党历来十分重视历史经验，并从不同的视角，不同的层次进行过多次总结。集中起来，最根本的就是两个方面，第一个方面是关于中国革命的历史经验，第二个方面是中国社会主义建设的历史经验。

关于中国革命的历史经验，邓小平从坚持马克思主义，坚持把马克思主义同中国实际相结合的角度，深刻地指出："中国自鸦片战争以来的一个多世纪内，处于被侵略、受屈辱的状态，是中国人民接受了马克思主义，并且坚持走从新民主主义到社会主义的道路，才使中国的革命取得了胜利。"[①] 这就是中国革命取得胜利的基本经验，这条道路是一条既不同于西方资产阶级民主革命，又不同于俄国十月革命的新路子，是不经过资本主义阶段而逐步变为社会主义社会的道路，是中国特色的革命道路。这条道路"既坚持了革命的阶段论，同'左'倾冒险主义和民粹主义划清了界限；又坚持了革命的发展论，同'二次革命论'划清了界限，从而实现了中国'卡夫丁峡谷'的历史性跨越"[②]。

邓小平从社会主义现代化建设"照抄照搬别国经验、别国模式，从来不能得到成功"的基本经验教训的角度，指出中国的社会主义建设必须从中国的实际出发，要"把马克思主义的普遍真

---

① 《邓小平文选》（第三卷），人民出版社 1993 年版，第 62 页。

② 李捷：《毛泽东与新中国的内政外交》，中国青年出版社 2003 年版，第 267 页。

理同我国的具体实际结合起来，走自己的路，建设有中国特色的社会主义，这就是我们总结长期历史经验得出的基本结论"①。中国特色社会主义道路是中国特色革命道路发展的必然结果，也是中国社会主义建设历史经验的高度概括。党的十三大报告，纵观马克思主义中国化六十多年的历史进程，从马克思主义与我国实践的结合实现的两次历史性飞跃的角度，深刻指出："第一次飞跃，发生在新民主主义革命时期，中国共产党人经过反复探索，在总结成功和失败经验的基础上，找到了有中国特色的革命道路，把革命引向胜利。第二次飞跃，发生在十一届三中全会以后，中国共产党人总结建国三十多年来正反两方面经验的基础上，在研究国际经验和世界形势的基础上，开始找到一条建设有中国特色的社会主义的道路，开辟了社会主义建设的新阶段。"② 实际上所谓飞跃，就是指马克思主义与中国实践相结合的历史进程中，以毛泽东、邓小平为代表的老一辈革命家，对中国革命和社会主义建设事业，在认识上

① 《邓小平文选》（第三卷），人民出版社1993年版，第3页。

② 《十三大以来重要文献选编（上）》，人民出版社1991年版，第56页。

MA LIE ZHU YI CHANG SHI GONG MIN DU BEN

发生质的变化，在思想理论上取得的突破性的进展，为马克思主义理论宝库增添了新的原理或新的论断，是中国革命独创性经验的科学总结。这两次历史性的飞跃，都是通过"把马克思列宁主义的基本原理同中国实际相结合，走自己的路"来实现的。这是中国共产党人在中国革命和建设的过程中，"吃了苦头总结出来的经验"①。有了这个基本经验，就会使中国的社会主义现代化建设不再犯大的错误。

2. 中国革命发展规律的深刻揭示

近代中国半殖民地半封建社会的性质，决定中国革命既要有一般规律又要有特殊规律，一个革命政党只有认识、掌握并熟练运用这个规律，才能推动事业发展。中国共产党高度重视认识和掌握规律，毛泽东在研究中国革命战争的战略问题时指出："不论做什么事，不懂得那件事的情形，它的性质，它和它以外的事情的关联，就不知道那件事的规律，就不知道如何去做，就不能

————————

① 《邓小平文选》（第三卷），人民出版社 1993 年版，第 95 页。

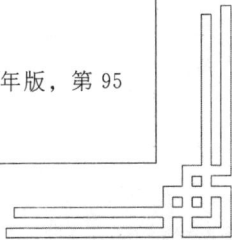

MA LIE ZHU YI CHANG SHI GONG MIN DU BEN

做好那件事。"① 我们党领导中国人民多年的奋斗历程，反复证明了无论是战争年代还是和平建设时期，都要站在对中国特殊规律探索的最前列，站在马克思列宁主义与中国实际相结合的最前列，结合中国的特殊国情，探索中国革命的特殊道路，从战略上解决走什么路，举什么旗的问题，只有这样才能取得革命的胜利。中国特色革命道路是由现代中国特殊的国情所决定的，是近现代中国社会发展的必由之路，是近现代中国特殊历史规律的反映。

3. 新民主主义理论认识上的升华

新民主主义革命的伟大胜利，由人民民主专政的国家政权代替了大地主大资产阶级对全国的统治，使中国由半殖民地半封建社会进入新民主主义社会，为过渡到社会主义社会奠定了基础，创造了基本条件。解决了在经济落后的半殖民地半封建的社会里，无产阶级如何开展共产主义运动的根本问题，指明了中国革命的方向和方位。这一切，都是在新民主主义理论指导下，经过艰

---

① 《毛泽东选集》（第一卷），人民出版社 1991 年版，第 171页。

苦奋斗取得的。新民主主义理论是对近代中国特殊规律的深刻揭示和总结，中国特色革命道路正是在新民主主义革命理论的基础上，以宏观视角和世界上资产阶级民主革命和无产阶级社会主义革命相比较，用世界眼光考察中国革命道路得出的结论，是新民主主义理论认识上的升华和诠释。这一理论上的精辟概括既是对新民主主义理论认识上的升华，也是对中国革命和建设特殊规律的深刻揭示，更加坚定了走中国特色社会主义道路的信心和决心。

4. 对马列主义革命政权理论的重大发展

农村包围城市道路理论的创立，不是靠本本、靠教条解决中国革命的问题。农村包围城市的革命道路，在马克思主义、列宁主义的本本中找不到答案，在国际共产主义运动史上也从无先例。在马克思和列宁的著作中，革命的重点放在城市，这是有历史渊源的。

无论是近代资产阶级民主革命，还是近代的无产阶级革命几乎都是在大城市发生，甚至许多国家革命就发生在一国的首都，就资产阶级革命来说，英国 1640 年资产阶级革命、法国巴黎 1789 年大革命、俄国 1905 年革命发生在首都；就无产

阶级革命来讲，19 世纪上半叶的欧洲三大工人运动发生在法国的里昂、英国的伦敦、西里西亚主要城市布勒斯劳、柏林、亚琛。此外，1871 年的巴黎公社革命以及 1917 年发生在彼得格勒的俄国十月革命，也是在首都。这是由于资本主义世界的工业革命带来的生产力的飞速发展，使得新兴城市增多，城市人口急剧上升，革命有可能发生。近代资产阶级革命、无产阶级革命之所以在城市发生，是因为资本主义工业的发达，工人阶级人数的众多，资产阶级革命、无产阶级革命便必然发生在工业集中的中心大城市。由此可见，西方国家的近代资产阶级民主革命和无产阶级革命多数发生在大城市并有许多成功的先例，和这些国家处于发达和相对发达的资本主义时期的基本特征是分不开的。资本主义经济的飞速发展，城市在政治经济上的决定性地位和城市人口的众多并占绝对优势，使近代革命的重心便必然落到了城市。

中国革命以城市为中心目标，一方面是受西方革命的影响，另一方面也是中国革命的传统习惯所致，但结局多数以失败告终。为什么西方国家的城市革命能成功，而中国城市革命却以失败而告终？因为国情不同。中国当时是一个有着两千多年的封建国家，自然经济长期占据着统治地位，除了食盐需到市场交换以外，基本上农民需要的衣食产品都可以自行解决。"重农抑商"是中国当时的传统观念。城市依赖农村而生存，而农村则不依赖城市而独立存在，这种政治、经济与社会发展的极端不平衡，成为近代中国社会的基本国情。

受"城市中心论"的影响，中国共产党一开始也把革命重点放在城市，先后进行的城市武装起义一次又一次相继失败，中国共产党在井冈山成功开辟出第一个农村根据地，突破了"城市中心论"的局限，开创了无产阶级革命道路多样性选择的先河。

以毛泽东为主要代表的中国共产党人之所以选择农村包围城市、武装夺取政权的革命道路，完全是从中国的国情出发。中国共产党之所以必须把工作重心首先放在乡村，并特别强调武装夺取政权，这是对马克思列宁主义暴力革命的政权理论的重大发展。

大革命失败以后，如果中国革命继续以城市为中心，要么是同国民党妥协；要么是以卵击石，同帝国主义支持的国民党抗衡。结局只有一个，那就是中国革命失败。在农村建立根据地，以农

村包围城市、武装夺取政权道路的思想，是以毛泽东为主要代表的中国共产党人的集体创造。它反映中国革命发展的特殊规律，指明了中国革命走向胜利的唯一正确的道路。

以毛泽东为主要代表的中国共产党人正因为坚持了这样一条实事求是的思想路线，善于向实践学习，向群众学习，善于总结群众斗争的新鲜经验，所以才能够在中国革命的转折关头，表现出革命的首创精神，显示出巨大的理论勇气，提出农村包围城市、武装夺取政权道路的思想，从而为复兴中国革命和争取中国革命的胜利指明了道路。

5. 毛泽东思想形成的重要标志

中国革命新道路的开辟，是马克思列宁主义普遍原理与中国革命具体实践相结合的光辉典范，是毛泽东思想形成的重要标志。农村包围城市、武装夺取政权的革命新道路的开辟及其理论的创立，无论在中国革命史上，还是在马列主义、毛泽东思想发展史上都具有十分重大而深远的意义。

农村包围城市、武装夺取政权道路理论的形成过程也就是马克思主义中国化的早期历程。马克思主义的中国化是一个艰难的探索过程，教条主义的盛行一度使我们对马克思主义的认识停留在表面。直到毛泽东提出"工农武装割据"革命思想方针，无产阶级才开始意识到教条主义的局限性。这一思想也确保了毛泽东在战争中的领导地位，从中国的实际出发确定自己的革命道路。从而将马克思主义与中国实际情况完全结合起来。

"农村包围城市、武装夺取政权"不仅是当时中国民主革命的必由之路，更是毛泽东从实际出发，将马克思主义中国化的伟大产物，不仅是创造性的，也是无法比拟的。这一理论为中国民主革命迈出了最关键的一步，也成为马克思主义中国化最光辉的经典产物。

毛泽东作为农村包围城市道路最早的探索者和实践者，集中全党的智慧，及时总结了大革命成败的经验教训，集中全党的智慧，果断地冲破了教条主义的束缚，创造性地摸索出了一条适合我国国情的革命道路。

农村包围城市革命道路理论，揭示了中国革命发展的规律，指导中国革命取得了最后的胜利。毛泽东指出："不论做什么事情，不懂得那件事的情形，它的性质，它和它以外的事情的关联，就不知道那件事的规律，就不知道如何去做，就不能做好那件事。"中国革命和建设有其自身特殊的

MA LIE ZHU YI CHANG SHI GONG MIN DU BEN

发展规律，这种特殊的发展规律根源于中国独特的国情发展规律，农村包围城市革命发展道路理论正是建立在对中国国情准确的把握和认识的基础上的。

（二）中国特色革命道路的实践价值

1. 它是中国革命的唯一正确道路

道路理论不是理论家坐在空房子里空想出来的，而是实践中摸索总结出来的。同样一条革命道路在俄国及法国能取得成功，但到了中国却走不通。中国共产党也想走俄国人的路，但却付出了血的代价。毛泽东把马克思列宁主义的普遍原理与中国革命具体实践相结合，在秋收起义失败的不利情况下，果断地提出将起义部队转移到农村，在农村休养生息，发展壮大，走出了一条不同于俄国的农村包围城市、夺取城市政权的道路。

当时从共产国际到中共中央，从莫斯科到井冈山，对毛泽东探索和开辟的道路都在指手画脚，有不同的看法。然而中国革命斗争的实践证明毛泽东道路理论是正确的，因为中国的国情与俄国、法国不同，中国革命如果照搬照抄俄国、法国革命的经验，中国人民将继续在黑暗中摸索、徘徊，甚至遭受更多的苦难。总结 28 年中国民主革命历程，两次历史转折都验证了道路理论的正确性。

第一次历史转折是从北伐战争失败到土地革命战争兴起。大革命失败时，党员人数由 6 万人骤然减少到 1 万人，中国共产党在农村开展"工农武装割据"，迎来了土地革命战争的兴起，星星之火，终成燎原之势。实践证明了毛泽东开辟的农村包围城市道路理论的正确性。第二次历史转折是从第五次反"围剿"失败到抗日战争兴起。第五次反"围剿"失败，红军被迫从中央革命根据地撤退，开始了二万五千里长征。到达陕北时，红军只剩下 3 万余人。这 3 万多革命的种子在陕甘革命根据地休养生息、发展壮大，迎来了抗日战争的兴起。在抗日战争中，红军改编为八路军、新四军，由 3 万余人发展到 10 多万人、数十万人。到抗日战争结束，中国共产党成为拥有 120 万党员的大党，解放区 19 个，人口 1.2 亿，解放军 120 万，民兵 200 万。解放战争时期，我们只用了三年时间打败了蒋介石 800 万军队，从农村走向城市，夺取全国胜利。事实清楚地表明，正

是由于坚持农村包围城市的革命道路，我们党才两次实现了从失败到复兴的伟大历史转折，使中国革命走上了胜利之途。

农村包围城市的革命道路，是符合中国国情的正确的革命道路，也是中国革命能够成功的唯一正确的革命道路。它是以毛泽东为主要代表的中国共产党人关于中国革命战争和建立农村革命根据地的经验总结，它正确地揭示了中国革命发展的客观规律。农村包围城市道路理论对于中国革命的历史经验和意义是非常深远的。

2. 它是对中国国情的正确认识

马克思主义认为，无产阶级要夺取国家政权，只能通过暴力革命去实现。革命的中心任务和最高形式，是武装夺取政权和战争解决问题。在近代中国，无论是农民阶级还是资产阶级，都曾高举武装斗争的旗帜，开展革命斗争，建立自己的政权，但都未能逃脱失败的命运。以毛泽东为代表的中国共产党人，依据马列主义的基本原理，结合中国的实际，吸取了近代武装斗争的经验教训，终于找到了一条有中国特色的革命道路，即农村包围城市、武装夺取政权的道路。

首先，中国国情与西方不同。俄国十月革命

以城市为中心暴动取得了胜利，但在中国却不行。一是中国城市依赖农村，而农村却可以不依赖城市。中国长期以来是一个自然经济为主导的自给自足的封建农业经济国家，农业经济占主导，重农抑商的传统观念严重阻碍着手工业、商业的发展。传统意义上的城市不是经济的产物，而是政治的产物，城市手工业、商业先进，农村落后，但是农村农业经济往往更强大。二是经济、政治与社会发展极端不平衡。1840年以后，随着鸦片战争的爆发，中国由一个独立的国家变成了半殖民地半封建国家。伴随帝国主义各国在中国划分势力范围和实行分裂的剥削政策，中国长期无法真正统一。在帝国主义和封建王朝的联合统治下，中国传统的封建经济结构受到了破坏，资本主义萌芽出现在东南沿海，使得近代资本主义经济因此得以长生。但是在幅员辽阔的农村，自给自足的小农经济仍然占优势地位，中国广大的人力物力资源不在城市仍然在农村。中国的城市不能完全控制农村，农村依然可以不依赖于城市而独立存在。这种经济、政治与社会发展极端不平衡，必然成为近代中国社会的基本国情。三是中国城市人口少，而农村人口众多，农村人口占全国人口的80％。封建经济始终占主导地位，虽有资本

主义萌芽，但民族资产阶级力量极其弱小，中国工人阶级的力量也不强大。直至 1919 年，中国工人阶级总数仅有 200 万，不到全国总人口的 5‰。根据国家统计局《中国统计年鉴》（1983 年）公布的资料，即使是到了 1949 年年底，中国的城镇人口也仅有 5700 万，占全国总人口的 10％左右。因此，中国的革命若照搬照抄西方革命城市中心论的经验，显然是很难战胜强大的帝国主义封建主义势力的。

其次，中国革命发展道路具有特殊性。中国是一个半殖民地半封建的国家，内部没有民主制度，受封建制度压迫；外部没有民族独立，受帝国主义压迫，强大的敌人长期占据中心城市和交通要道。因此，中国革命的道路既不同于俄国，也不同于一般的资本主义国家，这就是中国革命发展道路的特殊性。

再次，中国是以农民为主体的国家，农民是革命的主力军，农民必然成为中国武装斗争的主体。既然中国的武装斗争就是以农民为主体的革命斗争，那么党的工作重点，革命的战略基地就必须放在农村。建立农村革命根据地，就成为中国革命发展的必然趋势。正如毛泽东指出的："强大的帝国主义及其在中国的反动同盟军，总是长期地占据着中国的中心城市，如果革命的队伍不愿意和帝国主义及其走狗妥协，而要坚持地奋斗下去，如果革命的队伍要准备积蓄和锻炼自己的力量，并避免在力量不够的时候和强大的敌人作决定胜负的战斗，那就必须把落后的农村造成先进的巩固的根据地，造成军事上、政治上、经济上、文化上的伟大的革命阵地，借以反对利用城市进攻农村区域的凶恶敌人，借以在长期战争中逐步地争取革命的全部胜利。"总之，半殖民地半封建的特殊国情，决定了农民是中国革命的主力军，农村是中国革命的战争基地。中国革命必须走农村包围城市、武装夺取政权的道路

（三）中国特色革命道路的当代价值

1. 中国特色革命道路是中国特色社会主义道路的历史由来

在中国特色革命道路的指引下，新民主主义

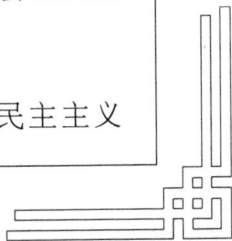

革命取得胜利，建立了新民主主义社会，在新民主主义社会进行社会主义革命，建立了社会主义社会。我国进入社会主义社会的前身不是资本主义社会，而是由一个原来曾经是经济十分落后的半殖民地半封建社会脱胎而来，经过不长时间的新民主主义社会过渡到社会主义社会的。这种特殊的进入社会主义的道路，成为中国特色社会主义的由来和客观的历史依据，这就势必使中国特色革命道路和中国特色社会主义道路有着血缘的因果关系。新民主主义社会对中国特色社会主义的"基因"作用不容忽视，"人们自己创造自己的历史，但是他们并不是随心所欲地创造，并不是在他们自己选定的条件下创造，而是在直接碰到的、既定的、从过去承继下来的条件下创造"①。因此，抛开对新民主主义社会的认识，便无从真正理解中国特色的社会主义。十三大报告指出："在中国这样落后的东方大国中建设社会主义，是马克思主义发展史上的新课题。我们面对的情况，既不是马克思主义创始人设想的在资本主义高度发展的基础上建设社会主义，也不完全相同于其

---

① 《马克思恩格斯选集》（第一卷），人民出版社 1995 年版，第 585 页。

他社会主义国家。照搬书本不行，照搬外国也不行，必须从国情出发，把马克思主义基本原理同中国实际结合起来，在实践中开辟有中国特色的社会主义道路。"① 中国特色的社会主义有其特定的含义，它并非泛指在任何国家搞社会主义都有自己的国情特点。其核心在于指出中国的社会主义不是马克思、恩格斯、列宁论述的从资本主义过渡而来。在特定历史条件下资本主义历史阶段可以跨越，但资本主义经济的积极因素必须肯定并加以利用。资本主义为社会主义准备了比较充足的物质基础，生产力水平高度发展，生产社会化的程度较高，商品经济发达。这是任何社会都是不可逾越的经济发展客观规律。恰恰在这些方面，新民主主义社会较之资本主义落后很多，新民主主义社会从半殖民地半封建社会继承下的生产力水平很低，物质基础很薄弱，加之提前进入社会主义，更加深入了初级阶段与新民主主义的密切联系。因此对中国特色的社会主义的认识，就应从新民主主义同资本主义的区别及其各自过渡到社会主义所带来的特点加以理解。

---

① 《十三大以来重要文献选编》（上），人民出版社1991年版，第1156页。

MA LIE ZHU YI CHANG SHI GONG MIN DU BEN

2. 中国特色社会主义道路是中国特色革命道路发展的必然结果

新民主主义属于共产主义的理论体系，这种社会形态本身就孕育和不断发展着社会主义因素。"这种社会主义因素是什么呢？就是无产阶级和共产党在全国政治势力中的比重的增长，就是农民、知识分子和城市小资产阶级或者已经或者可能承认无产阶级和共产党的领导权，就是民主共和国的国营经济和劳动人民的合作经济。"① 新民主主义社会是中国社会发展的"历史必由之路"②，并在经济、政治、思想、文化等各个方面为社会主义奠定了必要的和直接的基础，这些社会主义因素不断增长，量的积累产生质的变化，使中国由新民主主义社会转变为社会主义社会，因而，社会主义在中国的实现也是社会历史发展的必然。与此同时，它必须继承新民主主义所给予的"基因"，形成自己的特色，中国特色社会主义道路乃是中国特色革命道路发展的必然结果。"人们不能自由选择自己的生产力——这是他们的全部历史

---

① 《毛泽东选集》（第二卷），人民出版社 1991 年版，第 650 页。

② 《毛泽东选集》（第二卷），人民出版社 1991 年版，第 559 页。

的基础，因为任何生产力都是一种既得的力量，以往的活动的产物。"① 这就决定了，我国由新民主主义社会过渡到社会主义社会以后，必须从中国的实际情况出发，确定好自己的历史方位。必须经历一个很长时期的社会主义初级阶段，去实现许多国家在资本主义条件下实现的工业化和生产的商品化、社会化、现代化。这个初级阶段恰恰是中国特色社会主义最基本的客观依据和最重要内容。

① 《马克思恩格斯选集》（第四卷），人民出版社1995年版，第532页。